本书由广东省国土资源厅资助出版

图说科学名山——丹霞山

TUSHUO KEXUE MINGSHAN—DANXIA SHAN

侯荣丰◎著

广东省地图出版社
·广州·

图书在版编目（CIP）数据

图说科学名山——丹霞山 / 侯荣丰著. —广州：广东省地图出版社，2016.8
ISBN 978-7-80721-632-2

Ⅰ.①图… Ⅱ.①侯… Ⅲ.①山—介绍—仁化县 Ⅳ.①K928.3

中国版本图书馆 CIP 数据核字（2016）第 205829 号

策　　划：安雪菡
主　　编：安雪菡
责任编辑：彭旖琨
责任校对：章罗兰
封面设计：罗盘工作室 · 黎嘉维
版式设计：友间文化
图片摄影：侯荣丰

图说科学名山——丹霞山
TUSHUO KEXUE MINGSHAN——DANXIA SHAN
侯荣丰　著

出 版 人	安雪菡		
出版发行	广东省地图出版社		
地　　址	广州市环市东路 468 号	**电　　话**	020-87768354（发行部） 020-87768880（经营部）
邮政编码	510075		
开　　本	880 毫米 ×1230 毫米 1/32	**印　　刷**	东莞市翔盈印务有限公司
印　　张	5	**字　　数**	134 千字
版　　次	2016 年 8 月第 1 版	**印　　次**	2016 年 8 月第 1 次印刷
印　　数	1-5000		
书　　号	ISBN 978-7-80721-632-2/K·1695		
定　　价	30.00 元		

网　　址 http://www.gdmappress.com　http://www.gdmappress.cn
本书如有印装质量问题，请与我社经营部联系调换。

丹霞山手绘地图（已开放区域）

丹霞山世界地质公园标志

丹霞山世界遗产证书

世界遗产标志

国家级风景名胜区

国家级自然保护区

中国国家地质公园

国家5A级旅游景区

丹霞山导游图
Danxiashan Map

景区服务 医疗服务
旅游投诉 治安报警
Emergency call for service information medical service, complaints and Emergency

0751-6296988

韶关市旅游投诉热线：(Shaoguan City) Tourist Complaint Hotline: 0751-8916131

景区交通车服务电话：Shuttle Service Hotline: 0751-6292918

图例 Legend

您所在的位置 You are here	洗手间 Toilet	步行观景道 Hiking Trail	精品线路 Classic Routes
公交车站 Bus Station	山峰 Peak	索道 Cable Car	旅游公路 Paved Road
景点 Scenic Spots	游船码头 Cruise Pier	观景台 Viewing Pavilion	道观 Taoist Temple
国道 National Highway	经典景点 Classic Attractions	旅馆、饭店 Hotel, Restaurant	古山寨、古村落 Ancient Fortress
佛寺 Buddhist Temple	河流、桥梁 River, Bridge	码头 Pier	医务室 Medical Sevice
公用电话 Telephone	出口	入口	停车场 Parking Lot
游客服务中心 Tourist Information Sevice	安全保卫	服务点 Service Point	售票处 Ticket
游览区			

丹霞山官方网站：www. danxiashan.org.cn
Danxiashan Official Website:www.danxiashan.org.cn

已开放景区）

韶关市丹霞山管理委员会供稿

前言

丹霞山地处珠江上游、南岭山脉，最低处海拔50米，最高海拔619.2米，总面积292平方千米，是丹霞地貌命名地，也是地球上低纬度和同纬度面积最大的丹霞地貌集中分布区，全球丹霞地貌和低海拔山岳型公园及遗产的杰出代表。因“色如渥丹，灿若明霞”，被誉为“丹岳”“中国红石公园”。

丹霞山东西宽20千米，南北长24千米。总体经纬度：东经113°36′25″～113°47′53″，北纬24°51′48″～25°04′12″。几何中心金龙山西北坡麓的坐标为东经113°42′12″，北纬 24°57′55″。

丹霞山地处南岭山脉南麓，具有中亚热带向南亚热带过渡的亚热带湿润性季风气候特点，年均降水量1 715毫米，年均气温19.6℃。个别年份偶有飘雪，少数较高海拔的山头偶有霜冻。

本书图文并茂，以时尚的轻阅读、浅阅读形式将神奇美丽的丹霞山展现在读者面前，深入浅出地展示了“丹霞第一神山”“岭南第一名山”——丹霞山的地质、地貌、植物、动物、人文等面貌，让人们在轻松愉快的阅读中掌握大量与丹霞山相关的知识和信息。

本书是我对丹霞山水的长期感悟，融情于景，触景生情，情景交

融，让精美的石头说话，让多情的山水欢笑。希望能带领读者穿越时空，让那些与丹霞山相关的人和事来到当下，让时光停驻在这样一方美丽壮观的丹霞山水之间。

科研和科普是丹霞山作为科学名山的两大基石，是丹霞山相对于国内外其他名山的两张“王牌”。“窥一斑而知全豹”，本书对丹霞山的科学研究成果和人文历史作了不同程度的展示，对丹霞山的系列科普行动做了简要介绍，让读者从基础的丹霞知识开始，领略科学名山不同凡响的内涵。

全书分五章。第一章为瑰丽的山水，简要揭示了丹霞山地质地貌成因；第二章为绝妙的风景，系统地梳理了丹霞山的水文景观，同时分区域真实地展示了丹霞山岩石地貌景观；第三章为大地的衣裳，选取有代表性的丹霞山特有种、特征种、优势种和珍稀濒危植物进行介绍，引领人们走进低纬度大面积丹霞地貌分布区的神奇世界；第四章为人类的朋友，选择有代表性的物种，展示丹霞山丰富多样的动物生态；第五章为从远古走来，以时空为经，横贯古今，摘要介绍了丹霞山的人文历史发展脉络。

图文并茂是本书最大的特点和看点，全书

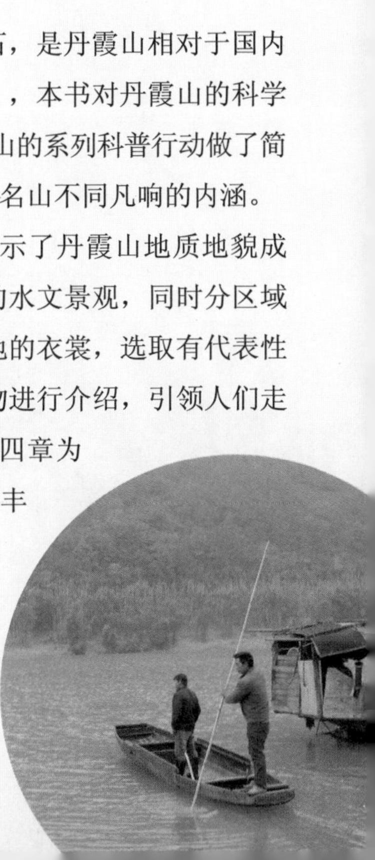

精选我和同事们在丹霞山多年拍摄所得的多幅珍贵精美的图片，配以专人绘制的专业精确的地图和手绘地图，深入浅出，老少咸宜，雅俗共赏。希望借此书将现代人的烦忧消融在美丽奇异的山石、美妙珍奇的动植物所构成的大自然里，将儒的进取，道的无为，佛的如是融为一体。

“颜如渥丹，其君也哉。”《诗经》中用来描述人的颜面的诗句，用来形容丹霞山，再合适不过。

“此方定是神仙宅”，苏轼曾如此赞誉丹霞之美，韩愈、王安石等名家都曾经游历丹霞山并留下赞美的诗文。

限于水平和时间，书中错误在所难免，请方家和读者指正。

侯荣丰

2016年7月

目录

瑰丽的山水

岩石是形成地貌的基础，每一种地貌都是大自然亿万年来演化的结果。

从地质来分析，丹霞山属于岩石学三大岩类中的沉积岩；从沉积相上来说，属于陆相（河湖相）沉积，与喀斯特地貌、石英砂岩地貌等海相沉积有显著的差异。

在恐龙横行的白垩纪，泥沙碎石被流水带到丹霞盆地内，大约用了8 000万年时间，沉积形成了3 700米的巨厚红层。这是丹霞山的物质基础。

白垩纪晚期的燕山运动，地壳上升，红层的表面被“请”出湖面，丹霞盆地受到内力和外力共同作用由沉积转为侵蚀。后来的喜马拉雅造山运动，特别是距今2 300万年以来的新构造运动，丹霞盆地的巨厚红层一再被抬升，红色地层发生倾斜和舒缓褶曲，四周山地强烈隆起，流水下切。千万年的岁月，成就了这样一方神奇美丽的丹霞山，是世界上最神奇壮美的壮年期丹霞地貌集中分布区。

地质篇

地球同纬度最美的景观：丹霞山

丹霞山约位于北纬25°。这一纬度是世界公认的黄金气候生态带。在这一纬度上，著名的景观有：中国台湾台北市—丹霞山—桂林山水—云南石林—腾冲火山群，缅甸翡翠谷，印度克久拉霍古迹群，阿联酋迪拜，沙特阿拉伯麦地那，撒哈拉沙漠核心地带，美国大沼泽地，夏威夷群岛，马里亚纳海沟等。丹霞山是当中最美的景观之一。

不仅如此，丹霞山还是地球上低纬度区域面积最大的丹霞地貌分布区。

延伸阅读

中国的丹霞，世界的丹霞

据地貌学家考证，在中国发现的1057处大大小小的丹霞地貌中，丹霞山是发育最典型、类型最齐全、造型最丰富、景色最优美、研究最充分的丹霞地貌集中分布区。丹霞山已经成为全球丹霞地貌研究的模式地。

2004年2月13日，丹霞山经联合国教科文组织批准入选全球首批世界地质公园。2010年8月2日，联合国教科文组织世界遗产委员会表决同意“中国丹霞”列入《世界遗产名录》。丹霞山世界自然遗产面积168平方千米，缓冲区124平方千米。

丹霞山还是国家级风景名胜区、国家级自然保护区、全国重点文物保护单位、国家地质公园、国家5A级旅游景区、中国生物圈保护区网络成员、全国文明景区、国家级生态旅游示范区、国土资源科普基地、全国科普教育基地等。

恐龙时代的产物：丹霞盆地

丹霞盆地的形成经历了漫长的岁月。

1.4亿年前的白垩纪，丹霞是南岭山脉中段的一个中型的内陷湖盆，燕山运动[①]隆起的山体将其团团围住。当时的气候炎热多雨，雨水将周边山上的沙石冲刷到丹霞湖盆里面。就这样，经过了漫长的8 000万年，沙石在丹霞湖盆不间断沉积，形成了最大厚度超过3 700米的岩层。富含铁离子的沙石在高温多雨的沉积环境中被氧化成红色，也就是今天丹霞山的“老底”。后来，受喜马拉雅造山运动作用，丹霞盆地被缓慢地、近水平地抬升起来，重见天日。

丹霞湖盆东西宽27千米，南北长30千米，面积约600平方千米。湖盆基底以石炭纪地层为主，盆地边缘有寒武纪、泥盆纪、石炭纪、二叠纪、三叠纪等古生代地层和中生代地层，与丹霞山所属的白垩纪地层并存，堪称六代同盆。

引人瞩目的美：红层

丹霞地貌的发育基础是红层。红层是地球上分布广泛的一种沉积岩层，是地球表面基本面貌之一。中国陆地红层面积约84万平方千米。

红层一旦出露地表，大部分就会被风化成丘陵。只有部分岩性相对坚硬、近水平或缓倾斜的红色砂砾岩，经过岁月的磨炼，幸存下来，成为引人瞩目的丹霞地貌。

---

①燕山运动是发生在中国东部的造山运动，其结束的时间是白垩纪末期，距今2亿1千万年至6500万年。造山运动是指地壳局部受力、岩石急剧变形而大规模隆起形成山脉的运动，仅影响地壳局部的狭长地带。

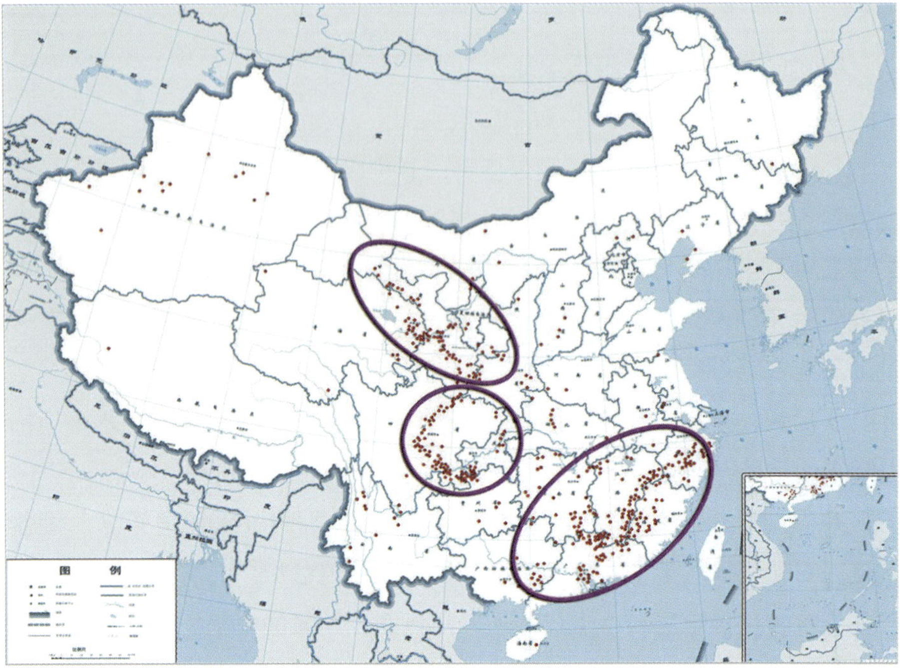

中国丹霞地貌分布图（韶关市丹霞山管委会供稿）

有陡崖的红层：丹霞地貌

锦岩马尾瀑

按照经典的定义，丹霞地貌是指有陡崖的红层地貌。两个要件，一个是红层；一个是陡崖，陡崖相对高度一般要求大于10米。

具体而言，丹霞地貌是指红色砂砾岩层在地球内力作用下被抬升，在流水侵蚀、重力崩塌、差异风化等外力共同作用下形成的顶平、坡陡、麓缓的方山、岩堡、石墙、岩柱、天生桥等红层地貌的总称。

丹霞地貌与喀斯特、花岗岩、石英砂岩、火山等地貌，共同构成最美丽的地球面貌。

石英砂岩地貌（红旗渠，河南林州）

喀斯特地貌（乳源通天箩天坑）

花岗岩地貌（黄山）

火山地貌（长白山天池）

与海相相对而生：陆相

陆相又称为“河湖相”，是一种与海相沉积相对的沉积相。

丹霞盆地是一个中型内陆湖盆，四周被山地环绕。风力和流水，用了8 000万年，经年累月地将周边的沙砾运送到湖盆的各个角落一层层沉积下来，形成了总沉积厚度达3 700米的砂砾岩。

长坝组丹霞地貌（周田）

丹霞山的基座：长坝组

长坝组是以长坝村命名的丹霞盆地岩层。长坝组广泛分布于丹霞盆地中央底部和盆地边缘，是一套紫红色山麓—湖泊沉积，厚度2 000~2 500米，堪称丹霞山地貌的基座。

根据岩性，自下而上分成长坝组一段、二段、三段、四段。其中以第二段厚度最大，可达1000米。

长坝组岩性相对松软，一旦出露地表，易风化成丘陵，一般不形成丹霞地貌。长坝组丹霞地貌可以鲶鱼转和丹霞山外围的周田鸭麻岩、穿窿岩为代表。

放大的盆景：丹霞组

丹霞组，岩性相对坚硬，是丹霞山主要成景地层。1928年由冯景兰、朱翙声命名。丹霞组为一套由紫红、砖红色厚层—巨厚层状砾岩，砂砾岩，含砾砂岩、不等粒长石的石英砂岩和粉砂质泥岩组成的岩层。丹霞组以平行层理和大型交错层理发育为主要特征，底部与长坝组呈不整合或平行不整合接触。

丹霞组岩层

丹霞组的岩层厚约1000米，按岩性自下而上分为巴寨段、锦石岩段、白寨顶段。在内动力和外动力的共同作用下，出露地表的各岩段因岩性差异，各有各的精彩表现。异彩纷呈的丹霞地貌景观，被誉为“缩小了的仙境，放大了的盆景”。

坚实的基础：巴寨段

巴寨段，因这类岩层在巴寨一带的发育最为典型而得名。巴寨段主要由砾岩和含砂砾岩构成，深深地扎根于长坝组之上，是丹霞山成景地层的坚实基础。相对于上部锦石岩段的精致和顶部白寨顶段的细腻，巴寨段显得有些粗犷。巴寨段的丹霞地貌主要景观有阴元石。

赤壁丹崖（锦石岩段）

山崖为何这般美：锦石岩段

锦石岩段因锦石岩一带这类岩层发育最为典型而得名。锦石岩段由具有大型交错层理[①]的肉红色厚层状不等粒长石石英砂岩，以及少量薄层

①交错层理是由一系列近于平行或一致的细层与层面相交而成的层理。

锦石岩段（茶壶峰）

砂质泥岩、细砾岩和含砾砂岩组成。在此岩层当中，大型交错层理广泛发育，垂直节理和赤壁丹崖广泛发育，是丹霞山的主要成景地层。

如锦岩赤壁、茶壶峰、巴寨、姐妹峰、金龙山、扬州寨、挂榜山、南蛇头等大块山石的主体，观音石、天柱石、望郎归、阳元石、海豹石、螳螂石、猫卵石、旗杆石等岩柱的柱体都是锦石岩段岩层。

锦石岩段与巴寨段之间以一层浅薄的泥质粉砂岩分界。分界处往往发育大型水平洞穴、穿洞和天生桥，如锦石岩洞穴群、五仙岩、天罡桥、通泰桥。

值得一提的是，锦石岩段下部是小型蜂窝状洞穴的主要发育部位，如龙鳞片石、睡美人踝关节处的龙鳞洞。

白寨顶段（僧帽峰）

高高在上：白寨顶段

白寨顶段因白寨顶发育的丹霞地貌最明显而得名。有人说，很难想象没有白寨顶段的丹霞地貌是什么模样，这如同没有僧帽峰的丹霞山。

白寨顶段是丹霞组岩层最上面的一段，广泛分布在锦江以东海拔330米以上的山峰的顶部。白寨顶段岩层以巨厚砂岩为主，白斑和大型交错层理广泛发育。丹霞山典型的白寨顶段山峰有白寨顶、金龟岩、金龙山、峰山寨、长老峰—海螺峰—宝珠峰，它们的顶部都由白寨顶段岩层构成。

白寨顶段以一层厚度为几毫米至几十厘米不等的泥质粉砂岩与下部的锦石岩段分界。分界部位往往发育众多水平洞穴和穿洞，如晚秀岩、雪岩、片鳞岩、金龟岩双穿洞、白寨顶穿窿岩。

当然，丹霞山最为引人瞩目的白寨顶段是僧帽峰。僧帽峰是东部群峰最高点，也是整个丹霞山地质构成的最高点。僧帽峰的白寨顶段的厚度约百米，一峰特立，引领群峰。

还待发掘：化石

化石（犁墩头）

化石是反映地质年代的最佳证据。经过地质学家的研究，属于白垩纪红层的丹霞山与邻近、相同地质年代、富含恐龙化石的南雄盆地相比，丹霞盆地的古生物化石明显不足。丹霞山目前已经发现的能够证明地质年代的化石主要是微生物化石。偶尔出露的化石片断，是沉积岩块与生俱来的，而非当时沉积。丹霞山是否存在化石？是否深藏地下未出露？不得而知。

水尽岩崖见：沉积岩

沉积岩、岩浆岩、变质岩是三种组成地球岩石圈的主要岩石。沉积岩分为陆相（河湖相）沉积和海相沉积。丹霞山红层是陆相沉积的典型代表。海相沉积的典型则包括以桂林山水为代表的喀斯特地貌，以武陵源为代表的石英砂岩地貌。

沉积岩（玉屏岩与宝塔峰）

快乐的石头：砾岩

砾，石为形，乐为声。砾是松散的岩石，一场暴雨下来，砾石从山里出来，随波逐流，来到了丹霞湖盆，沉积下来。从岩块的棱角，可以辨别出砾岩距离岩石母体的距离，棱角越明显，说明搬运距离越近，棱角被磨圆的，说明搬运距离相对较远。

砾岩（马头崇）

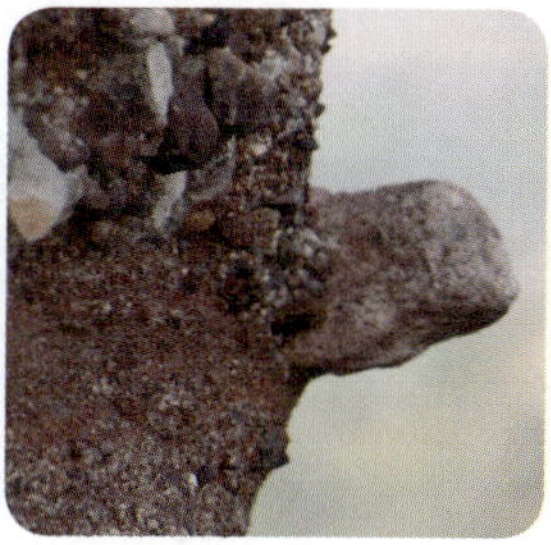

砾岩（天柱石基部）

受丹霞湖盆大小的限制，丹霞山的砾岩多数为近距离搬运。

水落石出：砂岩

砂，石之细碎者，砂或许是最小的石子。砂的主要成分是石英，常见于建筑如房屋、桥梁、大坝等混凝土中。

水流将砂岩和砾岩自上游往下游搬运，经过分选，因为砂岩相对轻盈，所以被带到了湖盆的相对深水区，年复一年，沉积下来，成为今天丹霞地貌的主要物质成分。

砂岩的厚度有数米，甚至数十米不等。

锦石岩段巨厚砂岩（洪岩之上）

软弱的岩石：泥质粉砂岩

泥质粉砂岩是一种极软质岩石。

因为质地较软，一旦出露地表，与空气接触，泥质粉砂岩就容易被风化或被水流侵蚀。泥质粉砂岩在丹霞地貌岩层中占比相对较小，很不起眼，层厚只有几毫米到十几厘米不等。

泥质粉砂岩与泥裂充填岩楔（燕岩顶部）

泥岩与泥质粉砂岩与砂岩（混元洞）

泥质粉砂岩像薄饼的夹心一样，被砂岩、砾岩夹持，往往夹生在丹霞组的巴寨段、锦石岩段、白寨顶段之间。

在出露地表的岩层中，泥质粉砂岩首先受风化而凹进，形成悬空。顶上的砂岩或砾岩受重力作用，发生片状剥落和块状崩塌，洞穴日益扩大，不断生成新的丹崖。

从某种意义上说，泥质粉砂岩的存在，决定了丹崖的高度。晚秀岩、锦石岩、狮子岩、巴寨等各个岩洞都可以看到泥质粉砂岩的身影。

表里如一：内力和外力

顾名思义，内力作用，力量来自地球内部；外力作用，力量主要来自地球外部。这两种地质作用不断塑造着地壳的形态。

内力与外力（受北东向和东西向两组节理控制的岩柱、岩堡与沟谷）

内力作用主要表现为地壳抬升过程中形成的断层、节理、裂隙、掀斜等。外力作用包括流水、风化、崩塌、岩溶、生物等。

丹霞山是内、外地质营力共同作用形成的地球奇观。

掀斜的桌面：韶关—仁化断裂带

吴川—四会断裂带自南海之滨的吴川发轫，沿北东向往东北延伸，远接中国东部著名的郯庐大断裂。韶关—仁化断裂带，属于吴川—四会断裂带沿北东向的延伸部分。在丹霞山的主要表现是西部缓倾斜的仙山琼阁群峰和黄竹—锦江谷地。

丹霞山岩层整体呈近水平状态，如东部僧帽群峰、西部巴寨群峰，倾角均小于10°。唯姐妹峰—扁石寨—上天龙一线呈缓倾斜，倾角在10°~20°之间，形似一张被局部掀斜的桌面。正是韶关—仁化断裂带，使得丹霞山西部山体整体较东部山体高出约200米。

缓倾斜岩层

岩石的内伤：节理

丹霞山的节理是地球内力作用将丹霞盆地抬升的过程中，所形成于丹霞岩层内部和岩层之间的各类“内伤”。

局限于同一岩层的称层间节理；穿越两个或两个以上岩层的称穿层节理；自下而上切穿整个地层的称大型节理；山体陡崖临空拉张岩体产生的裂隙称卸荷节理。

丹霞山广泛发育的节理为流水侵蚀、差异风化、重力崩塌等外力作用的发生提供了先天条件，是丹崖赤壁发育的重要先决条件。

千层糕：层理

层理是由沉积岩的成分、结构、胶结物、颜色等沿垂向的变化显示出来的一种面状构造，是沉积岩常见的现象。

丹霞山红砂岩的层理十分清晰明了。一层砂岩，又一层砂岩；一层砾岩，再一层砾岩；偶尔夹杂着泥质粉砂岩、泥岩；层厚从几毫米至数米不等，有的砂砾岩层厚达数十米。千层糕般厚薄不均、粗细相间的岩层，形成一种极富韵律的沉积之美。

层理与层间节理（宝塔峰局部）

斜层理

交错之美：斜层理和交错层理

斜层理，是砂岩层的常见现象。泥沙在沉积过程中与沉积基面呈一定角度，特别是在三角洲前层表现尤其典型。

交错层理是指由多层不同倾斜方向的斜层理组成的岩石。

丹霞组锦石岩段、白寨顶段常见发育典型的斜层理和交错层理。斜层理和交错层理的存在使得丹霞地貌表现形态更加丰富多彩。

巴寨600米夷平面

水过留迹：河流阶地

俗话说：雁过留声，水过留痕。现代河流发育过程中，原先河谷的谷底，由于河流下切侵蚀而相对抬升到洪水位以上，呈阶梯状顺河谷分布于河谷两侧，变为河流阶地。

河流阶地常见于锦江、浈江河谷地带。距今约600万年，丹霞盆地发生了多次间歇性上升运动，浈江、锦江曲流持续下切，因此形成了多级河流阶地。

如牛鼻村、周田桥东侧106国道两旁、湾头电站东侧均见典型的河流阶地。惜南方植被繁茂，阶地常为草木覆盖。

地壳间歇上升的证据：夷平面

夷平面是由剥蚀夷平作用形成的相对平坦地形。

受地球内力和外力共同作用的丹霞盆地，在被抬升和侵蚀的过程中，空间上明显地表现出多级夷平面。丹霞山区的多级夷平面与多级河流阶地是地壳多次间歇性上升的直接证据。

从大尺度空间观照，丹霞山大体可划分五级夷平面，分别是600米巴寨夷平面、500米观音山夷平面、400米金龙山夷平面、300米双阙石夷平面、200米狮石寨夷平面。五级夷平面错落有致，犹如阶梯，赋予了丹霞山极其优美的天际轮廓线。

金龙山400米夷平面

双阙石300米夷平面

涅槃所以美丽：时间和流水

岁月和流水的“雕琢”，使丹霞山的岩石纹理看起来像巨大无比的千层糕。在漫长的岁月里，丹霞山在地壳运动抬升过程中受到“内伤”（节理），流水不断地下切，将岩体“伤口”风化松动的沙石侵蚀带走。

日复一日，年复一年，“伤口”变成了缺口，形成了一线天和巷谷，风化作用继续，使一线天和巷谷扩展成峡谷和宽谷。流水沿河流侵蚀基准面将丹霞山的体表切割成千百块，也就是现在所看到的“脱胎换骨”“凤凰涅槃”后的丹霞山。

感谢风雨，感谢流水，将曾经的丹霞盆地塑造成今天的美丽模样！

地貌篇

六百山石三三分：丹霞山石

丹霞山的山石是一种特殊的红色砂砾岩。这些红色砂砾岩组成了丹霞山600多座相对高度大于50米的石峰、岩堡、岩墙、岩柱、天生桥和穿洞。各种山石峰峦的海拔高度自200米到600米不等，以300~400米之间为多，超过500米的山峰有7座。最高峰巴寨海拔619.2米。

据笔者多年野外考察，丹霞山600多座山石大致分为三种类型：

第一类是四面为绝壁围限，险峻无比，原本无法攀登，或虽经人工开凿石级也难于攀登的山石，约200座，占1/3。如双阙石、棺材寨、茶壶峰、僧帽峰、巴寨、羊州寨、扁寨、五羊石、睡美人（头部、趾部）等。

第二类是有一级或多级高度为3米左右的悬崖，徒手不能攀登的山石。此类山石借助藤萝或竹木支撑可以攀登，占1/3。如朝石顶、金龟岩、大塘寨、睡美人（胸部）等。

第三类是至少有一面没有悬崖或悬崖不明显，可以徒手攀登的山石，占1/3。如金龙山、南蛇头、仙人迹、睡美人（腹部）等。

上述山石中，有部分山石体量小而无法攀登，如天柱石、观音石等；较大体量而至今无人登临的山峰有棺材寨、宝塔峰等，茶壶峰则有个别攀岩高手借助工具成功登顶。

大自然的雕塑师：流水

人们赞誉流水为“大自然的雕塑师”。这在丹霞山区表现得尤其显著。丹霞山年均降水量1 715毫米。每到雨季，平日干旱的崖壁上生出万条银蛇，千条白练。流水对岩体表面的侵蚀，产生了一线天、巷谷、壶穴、瀑布等一系列流水地貌。

流水作用（仙人反脚）

万有引力定律：重力崩塌

重力崩塌是较陡斜坡上的岩体在重力作用下突然脱离母体崩落、滚动、堆积在坡脚(或沟谷)的地质现象。

重力崩塌是形成丹霞地貌的重要因素。泥岩、泥质粉砂岩等软岩夹层一旦出露地表，即开始经受风化凹进，日复一日，年复一年，使上面相对坚硬的砂岩层、砾岩层的下部形成悬空面。悬空的岩体在重力作用下往往沿着岩体在抬升过程中的“内伤”——内生垂直节理和悬空之后新生的“外伤”——卸荷节理[①]，整块向下坍塌，上部形成新的丹崖赤壁，下部

① 表面的临空岩石由于风化剥蚀而减轻载荷，缺少围压的表层岩体形成向外的张力，于是产生与坡面平行的裂隙，这种裂隙叫卸荷节理或减压节理。

形成岩麓崩积。

“新崩岩面俏颜容”，因为重力崩塌的存在，才有了形态各异的赤壁丹崖。

差异风化（大塘寨人脸石）

“疲劳”的代价：风化

风化作用是指岩体表面和内部由于受热不均匀，造成岩体温度差，导致各部分膨胀量不同，在相互反复温度应力作用下导致岩石的热疲劳，由此产生岩石表面微裂隙。

微裂隙的日益扩大和增多，最终导致岩石的破坏。可分为凹片状风化、凸片状风化和块状风化。

喀斯特：岩溶作用

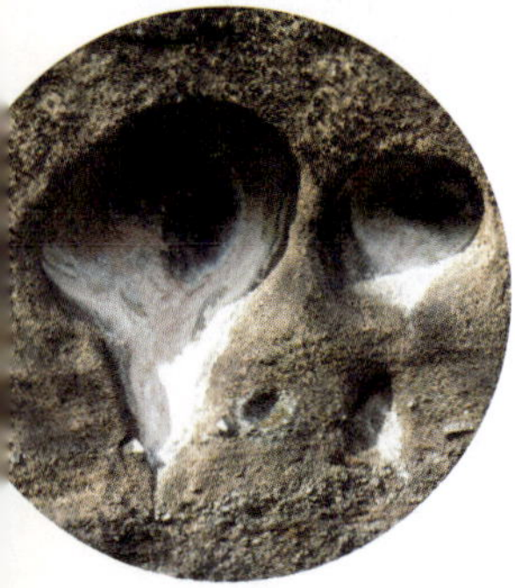
岩溶作用

岩溶作用是指地下水和地表水对可溶性岩石进行以化学溶蚀为主，机械侵蚀和重力崩塌作用为辅，岩石的破坏、物质堆积和地貌形成的过程。丹霞山各类岩石的碳酸钙含量介于0.29%~38.55%，平均含量达9.33%。岩溶作用主要表现在灰岩数量明显增加的丹霞组锦石岩段和白寨顶段。

岩溶作用常表现为蜂窝状洞穴、漏斗状洞穴、额状洞穴。

见缝插足：生物作用

生物作用是动植物参与岩石表面风化过程所产生的或加速岩石表面破坏，或对岩石表面起一定保护作用的各类生物现象的总和。

地处亚热带南缘的丹霞山，雨量充沛。包括苔藓、地衣在内的丰富的动植物种类不仅是丹霞山景观的重要组成部分，同时是丹霞山有别于干旱区、半干旱区丹霞地貌的显著特征。

比如植物根系分泌的酸性物质，一方面加速了岩层的风化和裂隙的发育；另一方面，茂密的植被减轻了阳光辐射，使岩石表面的“疲劳”风化减轻。

巴寨羞女岩黑色条带

凸出来凹进去：正地貌与负地貌

新构造运动以来，受流水侵蚀、重力崩塌、表层风化等外力作用，使得凸出地表的各种地貌形态，都是正地貌。如丹峰、岩柱、石墙、岩堡。

负地貌与正地貌相对而生。举凡沟谷、河流、洞穴、河滩、平原等相对凹陷和堆积的各种地貌形态，都是负地貌。

负地貌（大井穿岩）

正地貌（岩柱）

圆的兄弟：球状风化

球状风化是岩石风化的一种特别形式，球状结构是物理风化与化学风化共同作用的结果。多组裂隙将砂岩切割成大小不同的岩块，岩块的棱角部分与空气接触面最大，最易遭受风化，棱角被圆化成球状。

球状风化主要发育在丹霞山裂隙发育的长坝组厚层砂岩区。暖坑近观音山一侧山脚，庙仔坑口往楼台寨入口处附近山脚，黄竹村委峰山寨山顶均见典型的球状风化。

球状风化（丝茅板，庙仔坑支坑）

成熟之美：壮年期丹霞地貌的六大特征

丹霞山是壮年期丹霞地貌的杰出代表。壮年期丹霞地貌有以下几个特征：一线天和巷谷广泛发育；穿洞和天生桥广泛发育；岩柱与岩墙广泛发育；赤壁丹崖发育充分；壶穴广泛发育；古山寨广泛分布。前面四个特征带有普遍性，后两大特征在丹霞山最具代表。

岁月留痕：一线天与巷谷

一线天与巷谷是由流水侵蚀和风化崩塌共同作用形成的深窄岩缝。一般来说，岩体与岩体间的缝隙宽度与高度之比在5~10倍之间的可以称为巷谷，大于10倍且缝隙宽度整体在3米以内的可以称为一线天。

丹霞山典型的一线天有百丈峡、青龙峡，巷谷有福音峡、龙须涧、姐妹峰巷谷群、扁寨巷谷群。

一线天和巷谷广泛发育是壮年期丹霞地貌的显著特征之一。

扁寨青龙巷

遍布全山的天眼：天生桥和穿洞

天生桥和穿洞的成因相似，都是在流水、风化、崩塌等多种成因共同作用下，形成的天然拱状岩体。洞体高度大于上部岩体厚度的称天生桥，洞体高度小于岩体厚度的是穿洞。

天生桥如通泰桥、鹞婆寨天鹅桥、东坑迳仙人桥、凯旋门。

穿洞如风车岩、金龟岩、穿岩、穿窿岩、上天龙龙眼。

丹霞山已知的天生桥和穿洞50多处，

水蚀穿洞（棺材寨西麓）

鹞婆寨天鹅桥

造型之美，数量之多，为中国丹霞之最。穿洞和天生桥广泛发育是壮年期丹霞地貌的显著特征。

评公石寨峡谷

约束之美：峡谷

峡谷是最美的河流景观，是河流、溪流深切基岩，两岸为绝壁所限的狭窄河段。丹霞山的溪流均属山区河流，峡谷广泛发育。如锦江下游的铜鹤峡、黄竹水上游的石龙溪峡谷、评公石寨峡谷等。

壶中天长：壶穴

壶穴，是水流携带沙石在基岩河床上反复磨蚀形成的口小肚大，深浅、宽窄不一的凹穴。直径从数厘米到数米不等。

王山坑壶穴

一个直径宽浅1米左右的壶穴，是水研沙磨千百年乃至上万年的结果。

丹霞山壶穴地貌广泛发育，全山各地均有分布，以飞花溪、王山坑、庙仔坑、观音山最为典型奇特，成片成串分布，数量之多，形态之丰，十分罕见。

壶穴广泛发育是丹霞山地貌的显著特征之一。

晾在崖壁的布匹：水蚀平行小沟

水蚀平行小沟是水流沿内生节理①发育的丹崖竖向侵蚀形成的自上而下的平行小沟系统，形似晾晒在崖壁上的布匹。

---

①由构造运动形成的节理，称为内生节理，具有分布范围和深度均较大，且方位和产状比较稳定，并表现出一定的规律性的特点。

水蚀平行小沟（半寨）

水蚀水平岩槽（浈江鲶鱼转）

丹霞山主山的半寨至洪岩间的崖壁、细美寨北侧的崖壁、睡美人的荷树寨寨门外侧崖壁的水蚀平行小沟发育最为典型。

空空如也：水蚀水平岩槽

水蚀水平岩槽的形成原因是水流加上地球自转偏向力作用，将河流凹岸岩石侵蚀凹进形成的水平岩槽。较软岩层凹深可达3~6米，长度从数米到数十米不等。

在丹霞山，如周田村西南侧鲶鱼转处浈江右岸凹岸的岩壁和黄沙坑、庙仔坑、王山坑的各处溪床均见水蚀水平岩槽发育。

悬在丹崖的绸缎：瀑布

瀑布是从崖壁或河床上突然地近乎垂直跌落的水流。

丹霞山的瀑布以季节性瀑布为多。各类大小瀑布广布全山，春夏雨季是观赏丹霞飞瀑的最佳时节。著名的如马尾瀑布，九年坑双瀑布，飞花水三叠瀑布。

飞花水一瀑布

壮年之美：节理洞穴

节理洞穴，是沿节理风化形成的洞穴、穿洞。丹霞山的竖向节理穿洞之发育广泛，国内罕见。

竖向洞穴如阴元石、亚公岩，竖直穿洞如蕉冲岩东北侧、巴寨西侧、长寨北端、观音石、猫卵石、穿板寨等。

节理洞穴广泛发育是壮年期丹霞地貌的典型特征之一。

缩小的仙境：丹霞群山

浈江、锦江及其一、二、三级支流沿断裂、节理溯源侵蚀，年复一年，形成许多块状、墙状、堡状、簇状、柱状、楔状的山体。优美的天际轮廓线显现的丹霞群山被人们誉为“放大的盆景，缩小的仙境”。如东部的僧帽群峰，西部的仙山琼阁。

群峰如林也是壮年期丹霞地貌的典型特征。

无欲则刚：赤壁丹崖

赤壁丹崖，是岩体沿近垂直节理面或断层面发生大规模崩塌后退，露出的新鲜崖壁。赤壁高度可达二三百米。

锦岩大赤壁、巴寨大赤壁、挂榜山大赤壁等均是典型代表。

赤壁丹崖广泛发育是壮年期丹霞地貌的显著特征。

坚不可摧的碉堡：岩堡

岩堡，是四周为丹崖赤壁所包围而顶部较平缓的形似城堡状的丹山。

巴寨、羊州寨、棺材寨均是典型的大岩堡。

巴寨岩堡

尖峰（鸡屎寨）

岩墙（扁石寨）

岩柱（天柱石）

天然的金字塔：尖峰

尖峰，是那些山顶较尖、基底较大的山体，如鸡屎寨、田螺山（尖峰石）。

阙阙如门：岩墙

岩墙，是狭长的两侧皆为陡崖的墙状山体。如双阙石、细美寨、扁石寨。

孤峰直指云霄：岩柱

岩柱，是四周为丹崖所包围的、柱高明显大于岩体直径的孤立石柱。凸片状风化常把岩柱顶部浑圆化。

大瑶山村西人工仔岩柱群

丹霞山岩柱广泛分布，典型的如天柱石、牧象石、阳元石、海豹石、猫卵石、螳螂石。

岩柱与岩墙广泛发育也是壮年期丹霞地貌的显著特征之一。

累积成坡：崩积地貌

崩积地貌一般是指由崩塌岩块、岩屑在悬崖麓部堆积形成的崖麓缓坡，如锦岩大赤壁麓部、朝石顶麓部。

遇蚀常开口：崩蚀岩洞

崩蚀岩洞的形成原理是，由风化凹进的岩洞，其洞顶的一部分岩石在重力作用下发生崩塌，使洞顶加高。洞体的形成往往是岩石差异风化、重力崩塌共同作用的结果。

崩蚀岩洞在丹霞山广泛发育。大者可容百十人乃至千人，是丹霞山寨的重要依托；小者岩窦初开，是穴居动物如岩鹰的理想家园。如晚秀岩、大口岩、评公石岩，以及众多无名岩洞。

崩积穿洞（观音山）

积岩成洞：崩积岩洞

巨大的崩积岩块相互堆叠形成的空洞称崩积岩洞。如蕉冲岩西南面的真仙洞府、黄沙坑源头区域的崩积洞穴、扁寨西北侧的崩积穿洞。

这些隐蔽的洞穴往往是某些岩栖和水栖动物，如蛇、龟、蛙的最佳避难所。

崩积错落（梦觉关南侧）

定力尚在：崩积错落

局部岩块沿一破裂面整体水平向下错落（坐落），与母岩体相错，称为崩积错落。如幽洞通天东北口、梦觉关南侧错落岩块、御风亭下的“呼吸通天”巨岩块、龙腾峡错落岩块等。

凹凸总难平：岩槽与岩檐

近水平岩层的较软岩层发生片状风化剥落使岩壁凹进形成岩槽，较硬岩层凸出如屋檐的，则为岩檐。如玉屏岩、猴哥寨。

岩槽与岩檐（大塘寨）

眉骨高突：额状洞

额状洞的形成是因为岩槽发育变深，洞顶的砂砾岩层过度悬空而部分发生崩塌，使洞顶增高。整个洞穴的上方突出，下部凹进，犹如前额。如宝珠峰东南侧的片鳞岩。

额状洞（片鳞岩）

荷包款款：扁平洞

额状洞的某一部分继续加深至五六米，乃至数十米的洞穴，形似荷包，称之为扁平洞。此类洞穴广泛发育，如锦石岩四大岩洞的龙王岩、伏虎岩。

锦石岩的龙王岩

蚀余成堆：侵蚀岩丘

侵蚀岩丘是指流水下切岩体至侵蚀基准面，现代溪流退却，流水侵蚀显著减弱，蚀余岩丘因植被丰富，风化速度明显减弱，以岩丘形式依附于岩墙、岩堡之下。

侵蚀岩丘是壮年期丹霞地貌的一个特点。如晒布崖前侵蚀岩丘一字排开，颇为有趣。

蜂巢大似缸：大型蜂窝状洞穴

大型蜂窝洞穴（羊州寨北侧）

大型蜂窝状洞穴是在钙质含量增高的红色砂砾岩层发育的一种特殊洞穴。洞穴直径0.5~2米，各个洞口单独向外，而洞内往往互相连通。以梦觉关、羊州寨北侧麓部最为典型。

孔孔皆佛眼：小型蜂窝状洞穴

小型蜂窝状洞穴广泛发育于丹霞组锦石岩段钙质含量相对较高的红砂岩层。这种地貌小型洞穴成片发育，直径在1~20厘米之间，因形似蜂窝倒生在崖壁，又如龙鳞铺陈，故名。

丹霞山典型的蜂窝状洞穴以锦石岩龙王岩内壁的龙鳞石、睡美人东南侧亚公岩、荷树寨西侧崖壁、狮子岩北侧崖壁发育最为典型，数量之多，形态之富，世所罕见。

蝌蚪的尾巴：漏斗状小洞穴

漏斗状小洞穴广泛发育于锦石岩段岩层，因形状如漏斗得名。洞穴宽十几厘米，长可达数米不等。如福音峡西侧岩壁上并排发育的五个小洞穴，有的像逗号，有的像句号。五仙岩、西竺岩洞口附近亦见。

小型蜂窝状洞穴（亚公岩）

龙鳞石（局部）
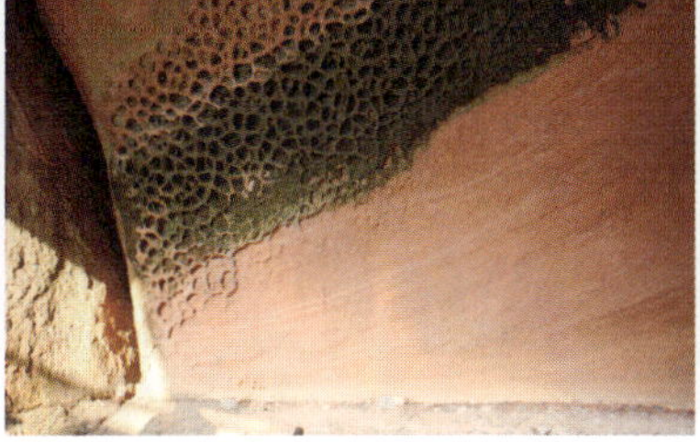

漏斗状洞穴（金龙山）

丹霞地貌研究历程

丹霞地貌是20世纪30年代命名的一类地貌类型，现已成为享誉全球的世界级地质遗产。在科研方面，作为地貌学一个新领域的丹霞地貌研究日趋成熟，这都离不开一代代地理学者的辛勤耕耘。

早期的关注：李希霍芬

李希霍芬是最早关注丹霞山独特地貌的近代地质学家，他全名费迪南·冯·李希霍芬（Ferdinand Von Richthofen，1833—1905），是一位德国地理学家、地质学家。

在李希霍芬的巨著《中国——亲身旅行的成果和以之为根据的研究》中，清同治九年（1870年），他在韶关一带考察地质时，将丹霞山的砂砾岩层命名为“Deck-Sandstein”（被砂岩，一译盖砂岩），意指丹霞山岩石像被子覆盖在其他岩石之上。

丹霞地貌之父：冯景兰与陈国达

将广东韶关丹霞山作为丹霞地貌命名的是著名地质学家、中国科学院院士冯景兰和陈国达[①]，他们被称为“丹霞地貌之父”。

1927年，冯景兰与两广地质调查所的同事朱翙声在广东曲江、仁化、始兴、南雄考察地质矿产。1928年二人在《两广地质调查所年报》联合署

①冯景兰（1898—1976），河南唐河人。地质学家，中科院资深院士。
陈国达（1912—2004），广东新会人。地质学家，地洼学说创立者。

名发表了《广东曲江仁化始兴南雄地质矿产》一文，首次将形成丹霞地貌的红色砂砾岩层命名为“丹霞层”。这个命名至今为中外学者沿用。

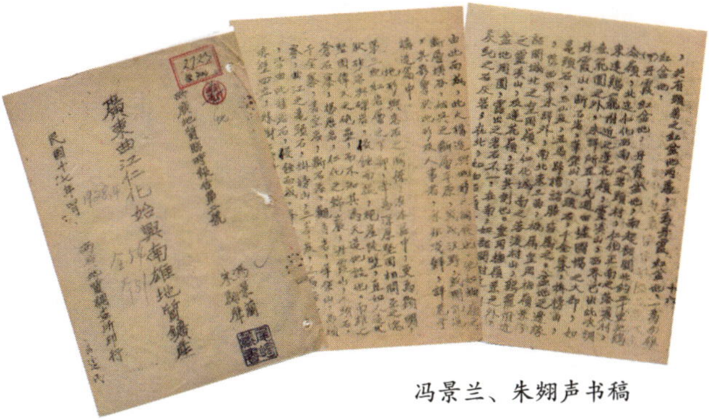

冯景兰、朱翙声书稿

陈国达提出了“丹霞地貌”概念，并推动了华南丹霞地貌的研究。20世纪30年代，陈国达对粤北和赣南的红层进行了考察。1939年，陈国达与刘辉泗[①]在《江西地质汇刊》联合署名发表了《江西贡水流域地质》一文，首次使用“丹霞地形”这一地貌学术语。

延伸阅读

“南雄之苍石寨、扬历岩，仁化之锦岩、丹霞山、人头石、千金寨、书堂岩、断石岩、观音岩、笔架山、马头寨，曲江之龟头石、挂榜山、三峰岌、五马归槽等，皆由此种岩石侵蚀而成。峰崖崔嵬，江流奔腾，赤壁四立，绿树上覆，真岭南之奇观也。”

——冯景兰、朱翙声《广东曲江仁化始兴南雄地质矿产》

“若在本区范围之外，以求两种红岩层间不整合之事实，则广东北部曲江、乐昌等地，颇值一述。……所成山岭之形状，亦为一典型之‘丹霞地形’；无数小峰，均在同一面上，四面危崖垂下，峰形不一，如塔、如人、如兽、如鸟，远望如在画中。”

——陈国达、刘辉泗《江西贡水流域地质》

---

①刘辉泗（1913—1943），江西南昌人。清华大学地质系毕业，曾任江西省地质调查所技士、技正，是江西省1∶20万区域地质矿产调查工作的开创者之一。

承前启后：吴尚时、曾昭璇师生

20世纪40至70年代，原中山大学地理系的吴尚时、曾昭璇[1]将红层地貌作为独立岩石地貌进行了系统研究，并且使“丹霞地貌”这一概念得到广泛认可。

20世纪40年代，吴尚时、曾昭璇师生对包括丹霞山在内的粤北红层作了较全面的研究，是丹霞地貌研究承前启后的重要一环。他们发表了《仁化南部厚层红色砂岩区域地形之初步探讨》《粤北红色岩系之地质与地形》等论文。

全面研究丹霞地貌第一人：黄进

黄进[2]是第一个全面系统研究中国丹霞地貌的专家，对中国1000多处丹霞地貌作了实地考察，被誉为“当代徐霞客”。

黄进对丹霞山的考察尤其详尽。黄进写有80多本中国丹霞地貌考察日记（稿），将数十年的研究成果编制成《中国丹霞地貌一览表》和《中国丹霞地貌分布图》，并著有《丹霞山地貌》《丹霞山地貌考察记》等专著。

1982年，黄进在山西大同会议上发表《丹霞地貌坡面发育的一种基本方式》，将丹霞地貌最基本的坡面概括为“顶平、身陡、麓缓”。这六个字科学地概括了丹霞地貌的形态特点，因此被誉为丹霞地貌六字箴言。

继往开来：彭华与丹霞地貌科研团队

为了将丹霞山和中国土生土长的地貌学品牌丹霞地貌推向世界，彭

---

①吴尚时（1904—1947），广东开平人。著名地理学家，岭南近代地理学开山大师。

曾昭璇（1921—2007），地理学家、教育家，中国地理科学成就奖获得者，第四纪研究功勋科学家，原任华南师范大学地理系主任。

②黄进，广东丰顺人。地貌学家，中山大学教授。丹霞地貌旅游开发研究会第一、二、三届理事长，名誉理事长。

华①和他的丹霞地貌科研团队做了大量实际的工作。丹霞山世界地质公园的申报成功结束了广东没有世界名山的历史，中国丹霞世界自然遗产的申报成功，让丹霞走向世界的梦想成真。

彭华主持的中国红层与丹霞地貌综合研究将红层和丹霞的科学研究推向深入。他著有《中国丹霞地貌及其研究进展》等专著。

彭华1989年手绘丹霞山图（北部）

国内外从事丹霞地貌研究的团队正在日益壮大。丹霞地貌的科学研究从局部走向全面，从地貌研究为主转向地貌与地质并重，同时兼顾历史文化、生物生态等众多领域。

截至2015年，国内已经发表的丹霞地貌研究论文600多篇，论文作者200多人。

①彭华，安徽砀山人。中山大学教授，丹霞地貌旅游开发研究会理事长。国际地貌学家协会丹霞地貌工作组主席，中国地理学会红层与丹霞研究工作组主任，中国丹霞世界自然遗产专家委员会主任。

绝妙的风景

地貌是丹霞山最引人入胜的景观。

壮年期丹霞地貌的基本定义是出露地表的侵蚀基准面以上的红层，被流水侵蚀带走的物质介于50%~80%。景观上的显著特点是红崖壁立、洞穴累累；峰林峰丛广泛发育，山石疏密相间、错落有致；沟壑峡谷、壶穴溪瀑遍布全山；岩峰、岩堡、石墙、岩柱、穿洞、天生桥等景观鬼斧神工、千姿百态。是一种饱经沧桑、历久弥新、成熟沉稳的盛年大美！

山与水的完美结合是丹霞山有别于干旱区、半干旱区丹霞地貌的重要特征。浈江在丹霞山东南边缘缓缓流淌，锦江自北而南从丹霞山腹地流过，大小溪流遍布全山。

丹霞山以独特的地球科学价值、罕见的自然美学价值、深厚的人文历史积淀让人们流连忘返。

丹霞之水：锦江篇

锦水丹山最宜人：锦江

锦江，一名锦水，又名锦石溪、仁化江，浈江一级支流。因河床盛产黄蜡石等五彩观赏石而得名。

锦江源自江西崇义县竹洞村仙人岭，于仁化县扶溪镇水口与扶溪水合，于恩口与恩溪水（一名城口水）合。城口水源于粤湘赣三省界峰、仁化县最高峰、海拔1559米的万时山。锦江沿途再纳塘村河、董塘河，南流至大桥镇水江村委仁化江村村口汇入浈江。

锦江全长109千米，集雨面积1913平方千米，平均坡降1.71‰，年径流量14.6亿立方米。

锦江蜿蜒南来，经仁化县城下游34千米穿行于丹霞山腹地，与丹霞红层共同组成了地球上最美的丹山锦水奇观。

锦江游览项目包括锦江游船和锦江竹筏。丹霞电站和瑶山电站的修建，使得游船和竹筏全年均可通行。

锦江秀色（刘加青 摄）

山水形如双太极：上坝曲流与海螺墩曲流

锦水如带穿越仁化县城之后即进入丹霞山，过群乐、卜古岭、黄屋，于睡美人头部附近行于丹霞群山之间，断石村口至海螺墩一带的河曲与海螺墩至古采石场一带的河曲则如两幅美丽的太极图画。第一组太极鱼眼是虎坑口南侧山冈与鲤鱼跃龙门两座山冈。第二组太极鱼眼是海螺墩与对岸的佛日峰。

海螺墩曲流（太极）

观赏上坝太极图画的最佳地点包括索道中段，狮子岩近山顶位置；海螺墩太极的最佳观赏地点是海螺峰近长老峰一侧的摄影小平台、丹梯铁锁上段的海山门。

河流曲似玉如意：牛鼻与长沙背

锦江下游在穿越锦石岩峡谷后进入宽阔的车湾—夏富小平原。沿途纳董塘河、庙仔坑、暖坑、杨梅坑诸水。在10千米左右的河段上形成了两处典型的蛇曲①（又称河曲），即形似“Ω”的长沙背河曲和犹如牛鼻子的牛鼻河曲。在丹霞电站两侧的山冈上眺望，双曲之间的河曲及河曲围限的田园，犹如一支美丽无比的玉如意镶嵌在丹山锦水之间。

“玉如意”与仙山琼阁共同构成了世界上最美妙的丹霞山水景观，也是丹霞山腹地最富庶的鱼米之乡。领略此间山水风光的最佳地点莫过于仙山琼阁日月亭和锦江竹筏。

牛鼻曲流，锦江七大曲流中第二个曲流，曲流长2 850米，而其间的最短直线距离不过330米，曲折率达8.63倍。因形似牛鼻子嵌入锦江得名。“凹岸侵蚀，凸岸堆积”的河流地貌在牛鼻曲流的发育十分典型。在牛鼻村民建房新开挖的地基上，可见多级河流阶地，说明牛鼻曲流是经过现代

①近于环形的弯曲河流被称为河曲或者蛇曲。

河流多次反复改造形成的。

曲流上有牛鼻小桥，桥上是欣赏丹霞六大奇观之童子拜观音的最佳地点。观赏牛鼻曲流的最佳地点是上天龙、观音山，最方便的地点是拖船寨。

牛鼻曲流（自上天龙下望）

“玉如意”的另一段长沙背河曲，是锦江七大曲流中第一个曲流，呈“Ω”弯，曲流长达2 800米，而其间的最短直线距离仅360米，曲折率7.77倍。丹霞电站发电引水渠将长沙背曲流完整地展示在人们的面前。

观赏长沙背曲流的最佳地点是姐妹峰姐峰额头天然观景平台和仙山琼阁日月亭。

两岸丹山相对出：铜鹤峡

铜鹤峡是锦江下游最狭窄也是最美丽的一段。峡谷长约500米，宽30米。两岸赤壁倒悬，流泉飞瀑，甚是险要。峡谷全石以为底，是一处典型的板状河床结构。左岸崖壁遍生艄公年复一年撑船留下的成串的篙窝，记录了当年水运的繁荣和艄公的艰辛。

不仅如此，当年这里还是土匪经常出没的河段。峡谷两端为锦江岩画分布区。

锦江篙窝
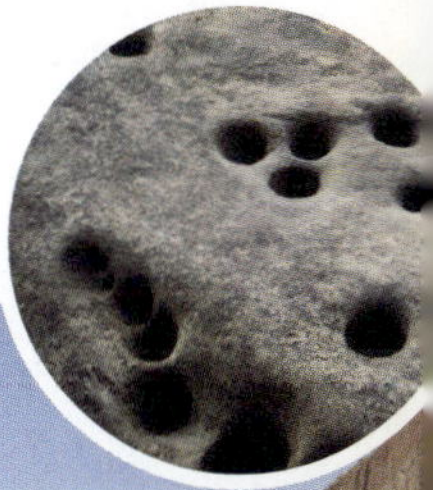

铜鹤峡

五羊唤我向南来：仁化江口曲流

仁化江口曲流是锦江丹霞山段七大河曲中最后一曲，曲流长1 700米，包括1 150米的锦江段河流和550米的浈江段，而其间的最短直线距离

锦江、浈江汇流处

瑶山电站

仅270米，曲折率6.30倍。

锦江在丹霞山腹地穿行34千米之后，于仁化江村附近汇入浈江。两江汇合处，山环水绕，江口对岸是著名的五羊石。

梯级发电：丹霞电站与瑶山电站

丹霞电站是锦江梯级水电开发五级中的第四级电站。电站1995年建成，装机2×3000千瓦。与上游的锦江电站相比，属于低水头电站。截至2015年，丹霞电站已经累计为人们提供了4.2亿千瓦时的清洁能源。

丹霞电站与黄屋电站之间的河段是优游丹霞、领略水上丹霞、锦岩大赤壁风光的不二选择。

瑶山电站是锦江梯级水电开发中的第五级，属低水头电站，也是锦江下游最后一级水电站。瑶山电站与丹霞电站之间的河段是丹霞山竹筏漂游项目所在，是领略丹霞山仙山琼阁与夏富田园风光的最佳选择。

猛虎不知何处去：虎坑

虎坑，又名老虎坑，锦江左岸一级溪流。因当年华南虎出没其间得名。虎坑长约3.5千米，发源于禾上寨东北侧界牌附近，纳舵石两侧溪流，上游汇为虎坑水库，下游汇为锦湖，于今丹霞索道下站、凉伞石对岸入锦江。

湖光山色两相宜：芳坑

芳坑，锦江左岸一级溪流。芳坑发源于枫树坳—玉屏峰—宝塔峰—

芳坑源头区（翔龙湖尾）

线，长约2.6千米。芳坑纳丹霞山主山宝珠峰、海螺峰、长老峰东南侧的水流，经大禾田，于翔龙湖尾纳野猪峡—蝴蝶谷溪流，汇而为翔龙湖，于长老峰西南麓、海螺墩前入锦江。芳坑与虎坑、马尾瀑水、锦江共同环绕丹霞山主山，构成世界上最壮美的丹山碧水奇观。

源自丹霞腹地：庙仔坑

庙仔坑，锦江左岸一级支流，丹霞山腹地最重要的水系。庙仔坑长13千米，发源于金龟岩西北侧，沿途纳多条溪流。上游自南而北，纳黄沙坑后，自东向西，于夏富村对岸汇入锦江。

庙仔坑与流经的溪瀑、湿地、壶穴、深潭等负地貌和两岸的丹峰、岩柱等正地貌，以及丰富多样的动植物一起，构成一个完整的生态系统。这是丹霞山目前唯一一处完全处于自然状态、没有修筑水坝的溪流和最大面积的无人区，是丹霞山世界自然遗产的本底和主体。

人面不知何处去：黄沙坑

黄沙坑，庙仔坑最大支流，全长约5千米，源于僧帽峰西北侧，自东北绕经天柱石向西南汇入庙仔坑。

黄沙坑

沿途所经的僧帽峰峰群、黄沙坑峰林是壮年期丹霞地貌的杰出代表，也是僧帽群峰的主要组成部分。

岂伊地气暖：暖坑水

暖坑水，锦江右岸一级溪流，长约5千米。因四面环山，坑内气温较周边相对暖和而得名。上游的暖坑水库为存储仁化县凡口铅锌矿尾矿渣而修建。

暖坑村有步道前往巴寨，坑尾的两头寨景色秀丽。

丹霞之水：浈江篇

一江春水向南流：浈江

浈江源自江西信丰县西溪湾，属珠江流域北江水系东源。江水自东北向西南流经南雄、始兴、仁化，于韶关市浈江区江心岛与武江汇合为北江。流域面积7554平方千米，长度为212千米。

浈江下游32千米从丹霞山东南侧流过，沿途纳灵溪水、锦江、黄浪水、湾头水。

五马归槽—太阳岩河段，是浈江全流域水流最险急、峡谷最深邃、河道最曲折、沙滩最宽广、景色最优美的河段。湾头水利枢纽工程的兴建，使得险阻化为平湖。

浈江曲流（上道）

一溪如龙飞：石龙溪

茅坪水发源地

石龙溪—黄竹水是浈江右岸一级支流，是丹霞山西部最大水系，长约33千米。发源于丹霞山平头寨西侧，沿途纳茅坪水、飞花水、干坑坝等溪流，于浈江区湾头村附近汇入浈江。流域建有飞花水水电站、石龙溪水电站、湾头水电站。

石龙溪峡谷地处仁化县与浈江区交界处，峡谷长4000多米，深切200多米，为丹霞山最为深邃、幽美的峡谷。

水往高处流：茅坪水

茅坪水，石龙溪一级溪流，长约11千米，发源于丹霞山扁寨南侧，绕经五仙岩、巴寨，出白泥坌，沿途纳上洞水、王山坑，于古溪附近入石龙溪。茅坪水修建了东坑迳水库，上洞水修建了上洞水库。王山坑、茅坪水五仙岩段的壶穴发育十分广泛。

茅坪水沿途景色壮丽，所经山石包括扁寨、燕岩、茶壶峰、巴寨等丹霞山全部7座海拔高度大于500米的山石。

壶穴中国第一：王山坑

王山坑是石龙溪二级溪流，长约7千米，发源于平头寨、燕岩之间的谷地。王山坑河床以砂岩为主，沿线壶穴高度发育，数量数以万计。大者如缸，中者如盆，小者如杯。有的深入河床数米，有的因溪床下切悬挂于两侧崖壁。单位面积壶穴数量之多，中国第一。

王山坑壶穴

一瀑三跌：飞花水

飞花水，石龙溪左岸一级溪流，长约3.5千米，发源于马头寨与大穿窿岩之间，由上、中、下三级瀑布组成。

二级瀑布之上400米的河床，发育了世界上最美的壶穴—瀑布—溪床组合。

一级瀑布旱季常消失，三级瀑布直接跌落石龙溪河床。于石龙溪岸边可同时观赏二、三级瀑布。

飞花水一、二级瀑布

五十年一遇：湾头水利枢纽工程

湾头水利枢纽工程2011年建成投产，是韶关市集防洪、发电、观光于一体的大型水利枢纽工程。库区淹没范围远达大桥镇乱石滩河段，回水顺锦江上溯至芙芷坝村附近。

湾头水利枢纽工程与武江的乐昌峡水利枢纽工程一道，使韶关市区的防洪标准从十年一遇提高到五十年一遇，同时为丹霞山浈江和锦江回水区河段发展水上旅游提供了便利。

双双飞：九年坑双瀑

九年坑双瀑位于五羊石对岸的九年坑。大小瀑布高约70米。源于南蛇头与仙人迹之间的高位沼泽。大瀑常年水花飞溅，小瀑旱季常干枯。阳光下经常可见彩虹双飞瀑。

九九归一：水西坑

水西坑是浈江右岸一级溪流，流长约8千米。源于金龟岩南侧，纳长寨、峰山寨南侧和朝石顶北侧诸溪，几经曲折，于白寨南侧汇入黄公陂水库，于水江村附近入浈江。

黄公陂水库湖光山色，经库区船只前往白寨甚是便捷。沿途为韶石景区腹地风光，古寺庙、古山寨、古摩崖等历史文化遗存丰厚。

羊羊得意：古洋水

古洋水，浈江左岸一级溪流。古洋，一作“古羊”，因五羊石得名。水边有村落名为古洋村。古洋水于水江村对岸汇入浈江。水名的存在，是对五羊传说的一种古老记忆。

石顽且与清流共：灵溪水

灵溪水，又名零溪，是浈江左岸一级支流。长32千米，发源自曲江区枫湾镇茶园山瑶族村。灵溪水自东南向西北流经灵溪、瑶溪、月岭、平圃等地，于老周田南侧鲶鱼转附近入浈江。

灵溪水口与浈江、鲶鱼转

灵溪水上游山区曾经是冬菇的重要产区。灵溪翰亨客家围规模巨大，保存基本完好。中游峡谷段景色秀丽，已辟为灵溪河森林公园。溪床盛产一种坚硬而且颇耐观赏的灵溪石。下游发育了典型的长坝组丹霞地貌，老周田是唐代名相张九龄故居地。

长角的山塘：八角塘水库

八角塘水库修建于20世纪60年代，位于朝石顶东南侧，因从高处俯瞰有八个湾角而得名。八角塘水库背

八角塘

靠朝石顶和乱石滩寨的连体大赤壁，面朝浈江，下望数百亩良田，是丹霞山难得的世外桃源。

八角塘水库为浈江右岸乱石滩的侯屋、曹屋两个村庄的灌溉水源。侯屋村和曹屋村是目前丹霞山范围内汽车不能通行的三个自然村落中的两个，红瓜子为当地特产。

丹霞之山：丹霞景区

有山名丹霞：丹霞山主山

丹霞山主山，即长老峰游览区，是由长老峰—海螺峰—宝珠峰等三个山峰组成的长达2000多米的大体量山块。

瑶塘村、断石村、锦江游船均可观赏到全山景致。山体上、中、下划而为三：山顶三峰并峙，洞穴累累，古木参天；山腰红崖裸露，绝壁倒悬，流泉飞瀑，别传寺、锦岩寺、洪岩掩映其中，摩崖众多；山麓绿林修竹，山水相依，湖光山色。自然与人文交相辉映，是丹霞山主要游览区，游人必到之处。

丹霞山主山

丹霞第一神山：僧帽群峰

僧帽群峰，又名东部群峰。站在长老峰向东、东南方向，目之所及是壮观的亚热带丹霞地貌景观。

僧帽群峰是近百平方千米的无人区，疏密相间的丹霞峰林、峰丛、岩堡、岩柱等正地貌与沟谷、洞穴、溪流等负地貌共同组成一幅如诗如画的丹霞美景。

僧帽群峰

僧帽峰（人面石）一峰突起，引领玉屏、宝塔、大塘、蜡烛、羊州等墙状、堡状、柱状、锥状山石构成的丹霞峰林峰丛绵延不绝，组成了一幅丹霞第一神山的壮美画卷。

美景随季节、晴雨，产生不同的季相、日相变化。

颜如渥丹：僧帽峰

僧帽峰，又名人面石，海拔468米，是丹霞山东部群峰制高点，也是丹霞组白寨顶段出露最完整的地层，站在丹霞山各大山头都能清楚观赏。用《诗经·秦风·终南》的“颜如渥丹，其君也哉”诗句来形容，最合适不过。

形似人面是从黄坑镇高塘村龙王坪一侧仰望该山石的第一感觉。新鲜的崩塌崖面像一尊方头大耳的人面，脸上一条层间节理裂隙，与水平的砂砾岩交错，犹如一个美丽的“丹”字。有人形象地称人面石为“丹哥”，与有“霞妹”之称的睡美人隔江相望。

僧帽峰则是1980年丹霞山对外开放后新取的名字。因从长老峰眺望，顶平、身陡的山峰似济公和尚的方帽子。

不仅如此，僧帽峰与身后的大塘寨组合，形成一幅美丽的金龟北向图，山前的村子也因此取名为“龟头石村”。

金龟北向（大塘寨与人面石）

锦岩赤壁

丹霞命名石：锦岩赤壁与马尾瀑

锦岩赤壁是丹霞山标志性景观，被誉为丹霞命名石。因巨厚的砂岩与砾岩形成的交错层理，形如五色间错的织锦得名。被历代文人以“色如渥丹，灿若明霞”来形容。

锦岩赤壁是丹霞组巴寨段和锦岩段的完整剖面。这处山石的水平沉积、砂岩砾岩交错沉积、层间节理、穿层节理等地质地貌现象十分丰富。单层砂岩最大厚度可达8米。

许多初次访问丹霞山的朋友都会问：什么是丹霞地貌呢？为什么叫丹霞呢？到锦岩赤壁一看，就什么都明白了。

锦岩赤壁高约200米，宽400多米，把丹霞组巴寨段与锦石岩段的砂岩、砾岩展露无遗。每当雨季，岩壁上就会形成马尾瀑。高达130米的马尾瀑如同少女飘飘的秀发，自松树坳西北侧的白龙池飘洒而下，美妙极了！雨过天晴，兴许还能看到随风摇曳的彩虹呢！

龙蟠虎卧：龙鳞石与虎头岩

龙鳞石，生长发育于锦石岩最里头的龙王岩洞内壁，是小型蜂窝状洞穴。因其形态像传说中的龙的鳞片，所以又被人们形象地称为“龙鳞片石”。

虎头岩

龙鳞石与洞穴等长，约20米，宽约2米，表面积约40平方米，似苍龙附丽于崖壁。蜂窝附生蓝藻，使得龙鳞石随季节、温度、湿度变化呈现不同颜色，人称“变色龙”。往昔仁化大旱，县邑常于龙王岩祈雨。

从锦岩寺观瀑亭下望虎头岩，可见岩石形似卧虎日夜镇守在锦岩赤壁之下的锦江左岸，与龙鳞石共同构成著名的“卧虎藏龙”景观。

因虎头岩镇守的锦江河段是锦岩寺和别传寺僧尼信众放生的场所，“虎额”上还镌刻着“放生潭”几个大字。再往下的赤壁上有清中叶仁化县令郑绍曾题刻的“龙蟠虎卧”摩崖。

虎背上的观景平台是与丹霞命名石——锦岩赤壁对话和观赏马尾瀑的最佳地点！

风姿尽现：睡美人

睡美人

睡美人，又名玉女拦江，为丹霞山北部堪与长老峰媲美的大块山体。因山体从仁化县城一侧和从丹霞山锦岩、长老峰、舵石一带观赏均十分形似一尊静卧锦江边的美人而得名。

睡美人“头”枕锦江，长发飘洒潜入锦江；“头部”“胸部”危岩裸露，“颈部”间生绿树，远眺形似翡翠；“腹部”宽阔而微凸，似身怀六甲，植被繁茂，林木掩映的悬崖间多古山寨；“趾部”尖削，为斧头岩。

因睡美人山体体量巨大又近县城，明清至民国期间，当地人于山上修筑山寨多座，如荷树寨、禄意堂、羊头寨。

神奇的钟与诡秘的眼：半边钟与阿婆眼

半边钟位于睡美人“脚背”位置，因流水侵蚀岩体，石壁上形成相对而立的两个内凹的岩洞。两个岩洞高十余米，酷似被人为破成两边的铜钟，分别悬挂在崖壁之中。半边钟水流经黄屋村对岸山谷直入锦江。

阿婆眼，一名阿婆岩，又名亚婆岩。位于睡美人“脚掌心”位置。岩体因差异风化形似两只眼睛一睁一眯，静观世事变幻，颇为神秘。山下亚婆岩村因此得名。

亚婆岩村有山路可达半边钟。

半边钟

雄狮迎宾：狮头岩

狮头岩，位于丹霞山北门水上入口广场南侧，因岩石整体似雄狮蹲踞锦江左岸得名。每当红日初升，高近百米的狮头岩赤壁、蜿蜒的锦江与对岸的睡美人、将军石、狮子岩以及双合水村四周丘冈，共同组成一幅错落有致的丹山锦水画卷。

狮头岩

群象款款出山来：群象过江

群象出山，又名群象过江，为锦江右岸包括狮子岩、阳元山、雷公石、紫驼石、丫叉寨等七八座大小不等的大石墙组成的景点。看起来有公象、母象、大象拖小象，还有南侧的牧象童岩柱，一应俱全，十分形象。

从锦江左岸瑶塘村附近观赏最为形似。

群象出山

凉伞石

大伞底下好乘凉：凉伞石

凉伞石，又名云石山。耸立于锦江右岸，隔江与锦石岩对峙。东向一侧崖壁水痕万缕，褶纹千条，酷似凉伞。山顶广阔，山顶鞍部、西北麓山里坑发育天生桥各一。东南坡曾为老锦石岩寺。

天下奇石：阳元石与阴元石

阳元石与阴元石是丹霞山标志性景观，两景观之间的水平距离不过2.5千米。长老峰似一巨大屏风将两石相隔，锦江犹如一条绸带将两石相牵。

阳元石，又名祖石，是阳元石景区命名石。阳元石实为细美寨（阳元山）东侧山体生长发育的一根岩柱。岩柱高28.5米，直径7米。这是天底下最普通而又最神奇的一根丹霞岩柱，为国内外众多所谓“阳元石”的鼻祖，因酷似男性生殖器官得名。上午阳光照耀，柱石阳气十足，最宜观赏。

与阳元石齐名奇石——阴元石，又名少阴石。阴元石原本深藏于丹霞山大禾田南侧的深山密林，1998年由青湖塘村民谢德添发现，名字经由韶关市市民和游客投票而确定。发现当年即建成观景台对游人开放。阴元石洞口有一株国家二级保护植物将军木把持。

阳元石

阴元石

据地质专家考察，阳元石发育于丹霞组锦石岩段砂砾岩交错沉积层，地层相对年轻。

阴元石发育于丹霞组巴寨段，地层相对古老。阳元石与阴元石共同讲述了一个完美的天地阴阳故事。

丹霞天生桥：通泰桥

通泰桥是丹霞山标志性景观，阳元石景区主要景点之一，也是丹霞地貌天然石拱桥的典型代表，被誉为“中国丹霞第一桥”。

通泰桥发育于丹霞组锦石岩段，是流水与风化交错作用的杰作。桥体呈东西走向，桥面长48米，宽4.5~8米，桥体厚度3~5米，拱孔内跨度35米，净空高13米，形似赵州桥，造型优美，游人可通行。

山崖形似米筛样：细美寨

细美寨，本名筛米寨，又名米筛岩、阳元山。山体扁削如墙，四面绝壁，西北墙壁发育百余条水蚀平行小沟槽，墙体似山里人家过去常用的竹篾编织的米筛，故名。

明朝末年，当地车头村的吴氏族人为避战乱，斩石为台，凿崖成级，石砌门墙，建成一夫当关，万夫莫开的雄险山寨。寨内有房屋数间，井池两口。清咸丰年间、民国时期均有修葺。2015年9月7日，寨门上方一巨岩块崩塌，致使南墙受损。

细美寨海拔286米，相对高度180米，有九九天梯、云崖栈道通往寨顶，是丹霞山已经开放区域最引人注目而又易于攀登的山寨。

通泰桥

细美寨

嘉遁亭远眺

见好就收：嘉遁亭

嘉遁亭位于阳元山绝顶，八角凌空，险峻无比。“嘉遁”，取名来自《易经》六十四卦之第三十三卦“遁”卦。寓意能够自如地隐退避让，坚守正道将会获得吉祥。

攀登细美有鸟道：云崖栈道

云崖栈道，1993年修建于阳元山南侧绝壁缝隙间，是通往阳元山绝顶的捷径、丹霞山最为险峻的登山道路之一。栈道长约600米，部分路段仅容一人侧身而过，既能挑战胆量，又能领略丹霞山险峻风光。

九九天梯

云梯堪通天：九九天梯

九九天梯是在细美寨西侧绝壁上开凿的天梯，三面凌空，百余梯级较丹梯铁锁更陡更险，唯勇者可攀登。这是云崖栈道修建以前，通向寨顶的唯一通道。

玄之又玄：玄机台

玄机台位于九九天梯之下，因

周边山石妙藏玄机得名。是赏落日、观星空的好地点。台面有多个半是人工、半是天然的向天小洞穴。

玄机台

布袋原理现实版：风车岩

风车岩，又名天罡桥，藏于玄机台下，为一典型风化穿洞。洞长约10米，高约2米，宽2.5米。形如布袋，两侧为空灵的山谷，洞内风速明显增强，故名风车岩。

阳元山晒布崖

水流如刀：晒布崖

晒布崖，即细美寨北侧崖壁。流水长年累月地对岩壁的内生节理进行侵蚀，在200多米长的崖壁上形成了100多条竖向平行小沟槽，形如晾晒的布匹。岩下湿地四季繁花似锦。

细美寨的北侧是通泰桥—狮子岩游线。

道不远人：腾蛇坳

腾蛇坳为崩积岩块形成的天然峡口，坳口正对晒布崖，是通泰桥—海豹石—狮子岩—混元洞游线入口。两侧溪流潺潺，植被繁盛，烈日当空时，入其间暑气全消。

海豹石

神仙对弈处：海豹石

海豹石位于鹞婆寨与狮子岩之间。山顶浑圆如海豹头，墙体如豹身，顶部生一小丛草木如豹须。相传海豹石顶有棋盘一格，是神仙对弈场所。

岩高常锁云：云门

云门，丹霞山著名崩积穿洞之一，上书“锁云”二字。为通往狮子岩庙、混元洞的天然门户。

浑然天成：混元洞

混元洞位于云门之上，为丹霞组巴寨段与锦石岩段典型界线。洞内十数层泥质粉砂岩夹层和泥质龟裂充填的地质珍迹世所罕见。

混元洞相传为远古道元真人修行的场所。

狮子岩与混元洞同一岩层，是古狮子岩庙所在地。山石整体外观形如狮子。岩内泉井、供台、庙基保存尚完整。

仰角最大：丹霞山索道

丹霞山索道建成于1998年，由两组双向的吊箱组成。全长490米，提升海拔258米，最大仰角44°，为国内最陡的索道。双向最大运力960人次/小时。

索道上站是前往韶音台、舵石、宝珠峰最近便的选择。在韶音台观赏僧帽群峰，与在观日亭欣赏东部群峰有异曲同工之妙。

永不言弃：鳄鱼上山

鳄鱼上山位于宝珠峰西侧山麓，是瑶塘村前往长老峰途中，一处沿垂直节理发育的造型景观。因形似一只努力爬坡上山的鳄鱼而得名。

每年初夏，崖壁百合盛开，与两侧丹崖自成美景。顶部绝壁间隙并见丛生石斛兰。

鳄鱼上山

神龟东向有别传：金龟朝圣

金龟朝圣，一名别峰，又名鳖峰、师姑寨。金龟朝圣位于长老峰下的锦江左岸，正对别传禅寺，好像一只得法神龟。

金龟朝圣

翔龙湖环湖路内侧原有山路可登金龟朝圣。山顶有人工筑砌池井二方，因明朝末年丹霞山主人李充茂在丹霞山隐居，他的家眷曾在此居住。山顶已倾圮的乐说禅师衣钵塔墓，与海螺墩普同塔、对岸佛日山的天然和尚塔三足鼎立。

长老峰入口

登高从此进：长老峰票亭

长老峰票亭，位于长老峰西侧山脚。是攀登长老峰，瞻礼锦岩寺、别传寺，游览翔龙湖、阴元石、卧龙冈等景点的主入口。

半生梦里过了：梦觉关

梦觉关为一大型蜂窝状洞穴，位于锦石岩寺外山门与内山门之间。因北宋法云居士①在此休憩，感慨“半生在梦里过了，今日始觉清虚”而得名。梦觉关前原有安定门下通锦江。

别样的穿山洞：幽洞通天

幽洞通天为一组沿垂直节理发育的大型竖向巷谷、穿洞、崩积巨岩

①《仁化县志》载，北宋崇宁年间（1102—1106），法云居士自山麓攀援而上，见锦石岩集雄奇秀美于一身，于是聚集百余人到丹霞山下层的锦石岩开山建庵，并开始向中、上层扩展。

块等组成的体验式景点。穿洞直径约1米，长7米，一般游人均得躬身通过。人立洞中，如井底之蛙，抬望泉源点滴。巷谷高30余米，崖壁植被四时各异。

洞口有巨岩块错落的地质景观，洞内并生两团石鼓和一隐约的“囍”字，人们形容为猪八戒礼拜成亲，洞天遂成为“猪八戒的洞房”。

幽洞通天内部（雨季）

长天一线峡百丈：百丈峡

百丈峡，又名长天一线，是水流沿卸荷节理下切及风化片状剥落所形成的深窄一线天。百丈峡长69米，高40米，最窄处62厘米。百丈峡中段顶上有一落石夹峙，唯有盛夏晌午时分，方可见天日片刻，更显一线天窄长。一线天出口两端均见典型的古沙波痕。

百丈峡是丹霞山开放区域最具代表性的一线天景观。

百丈峡

滴水如玉汇成池：喷玉泉

喷玉泉，位于百丈峡北侧。泉水自海螺峰西侧绝壁高处的岩缝隙间滴渗而来，建有泉池共三方，容积近百立方米，为古时锦岩一带僧俗饮用水源。

最洞天：锦石岩

锦石岩，又名锦岩。位于丹霞山主山的悬崖绝壁之间，由较软岩层风化而成的大小不等的一系列岩洞组成。因洞外崖壁“色如渥丹，灿若明霞”得名，岩洞“壁石五色间生，铺锦绮，多如梅花之形，四时变态”。

北宋进士曲江邓嘉猷《锦石岩记略》[1]称，锦石岩洞有四："一曰千圣岩，二曰祖师岩，三曰隐虎岩，四曰龙王岩。岩上有白龙池。”诸岩深邃虚空，可容千人，隐虎岩今名伏虎岩。

潜龙腾渊：白龙池

白龙池，位于锦岩马尾瀑之上。白龙池汇聚松树坳—虹桥西侧的水流，池谷中有多个龙池如串珠分布，谷深数米，宽2～3米，谷长约200米。

白龙池终年不旱，是明清时期居住在丹霞山顶的僧俗干旱年份的备用水源。白龙池的水流则为季节性水流，雨季自龙口喷泄而出，似飞龙，如马尾，飘洒摇曳。池岸丹霞梧桐群落生长茂盛，数株百年老梧遒劲如龙。

半山亭

半山之半：半山亭

半山亭始建于民国24年（1935年），地处山脚至观日亭四分之一处。因居长老峰入口与别传寺山门之半，故名。是游人登山稍歇之所。亭前古木参天，松荫数匝，橄榄一株。自山脚至亭前有石阶十级。

福音峡

景至佳处看脚下：福音峡

福音峡，一名老一线天，又名一攫浪，当地人称南华坳，为典型丹霞巷谷。巷谷长132米，片石千仞，屹立如削。谷口西侧有清朝初期的摩崖“看脚下”。

自谷口西望，透过锦江可远观巴寨、茶壶峰诸

---

①北宋重和元年（1118年）曲江籍进士邓嘉猷所写的《锦石岩记略》是最早记述丹霞山这一带的古文献。

峰，姐妹峰之妹峰剪影似一侧卧伟人头像。东向则僧帽峰丛近在眼前。下行可往翔龙湖、阴元石，上行经丹霞栈道或别传寺可往长老峰巅。

天半藏古寺：别传寺石关门

别传寺石关门，乃别传寺老山门。明末清初李永茂①所建，以丹霞红石砌筑，高约6米。历代多有重修。门楣上“丹霞山别传寺”为民国时期陈章甫②所题。

进入石关门通往别传寺的石阶分两路，一路是于基岩上开凿的“晴雨无阻”的“皇帝道”，一路是用条石砌筑的“风雨同沾”的“发财道”。

彼此两天然：天然岩

天然岩是丹霞山主山中层的水平洞穴，位于别传寺大雄宝殿东南侧。天然岩的洞口西向，广宽数丈，深丈余。岩内有乳泉。从明代起，就被僧人辟为庵宇，称“天然庵”。岩内清泉是清朝时期别传寺饮用水源之一。洞口有摩崖“天然庵”“潭影空人心”。

睡佛显形容：丹霞山卧佛

丹霞山“卧佛”，于2016年6月被发现。睡佛的“头部”是紫薇寨，“头部”北侧的山冈是睡佛的“身体”部分。睡佛头枕锦江，形态安详。自紫玉台客房观察最为形似。

别传寺睡佛

---

①李永茂（1601—1648），明朝末年，李永茂及其弟李充茂，带领家人南下避乱来到丹霞山隐居。李氏兄弟大规模开发丹霞山，故后人把李永茂称为“丹霞山开山之祖”。

②陈章甫（1885—1937），广东阳江人，曾任广东南路绥靖委员、东西北区绥靖委员、国民革命军第十三师师长。民国24年（1935年），陈章甫继任西北区绥靖委员，见丹霞山石关门因剿匪被毁，乃捐款修复。

丹霞山主归葬地：篻竹岩

篻竹岩位于别传寺“别有天”摩崖下方。岩口向西，因岩前修竹成片得名。每当雨后初晴，彩虹如画，绚丽异常。丹霞山主李充茂[①]示寂后塔葬于岩前，可惜塔墓于1982年兴建松篁宾馆时拆毁。

“竹坡烟雨”为清初丹霞十二景之一。

篻竹岩

延伸阅读

清朝初期，曾以长老峰别传寺为中心，评选出“丹霞十二景”，分别为：锦水滩声、玉台爽气、杰阁晨钟、松涧涛风、竹坡烟雨、双沼碧荷、丹梯铁锁、乳泉春溜、螺顶浮图、虹桥拥翠、片鳞秋月、舵石朝曦。

清风徐徐来：御风亭

御风亭建于通天峡与丹梯铁锁之间的小石台上，是游人登顶长老诸峰前的歇足处。凭栏远望，丹山在前，锦水萦绕，美人寓目，清风徐来，甚是惬意。

在御风亭前，可观看丹梯铁索右侧崖壁上的“宜若登天”“洗心处”摩崖。

行百里者半九十：丹梯铁锁

丹梯铁锁，又名丹梯铁索。在缆车和丹霞栈道开通前，丹梯铁锁是通往长老峰的唯一通道。丹梯铁锁为人工所凿，险峻异常，被人们称为

①李充茂，字鉴湖，法名今地。曾任明朝礼部主事。李充茂晚年于广州出家，将丹霞山施与澹归和尚建寺。

“丹霞天梯”。梯高20多米，有石阶99级，旁边辅以铁锁链。“丹梯铁锁”为清初丹霞十二景之一。

丹梯下端为御风亭，丹梯上端是霞关，霞关旧称海山门，为长老寨锁钥。因扩建丹梯，海山门于2000年被拆除，铁锁链也被换成坚固的栏杆。

丹梯铁锁

“囍”结良缘：丹霞栈道与双喜台

丹霞栈道修建于长老峰东南侧绝壁，长490米。2009年5月建成通行。是经福音峡通往长老峰的人工栈道。沿线可自下而上全面领略丹霞山东部群峰。

双喜台位于丹霞栈道中段，是丹霞组锦石岩段的砂砾岩受流水作用和岩石表面温度交变引起差异风化而形成的景观。绝壁之上一片高约5米、宽3米的崖壁因差异风化呈现一个中国传统的“囍”字，故名。双喜台是丹霞栈道修建期间发现并扩建的一个休息观景平台，附近丹霞梧桐群落长势喜人。

丹霞栈道

不登长老枉来丹霞：长老峰

正所谓：不登长老峰，枉来丹霞山。长老峰是丹霞山主要景观，游人必到之处。

长老峰，海拔351米，与入口处相对高度260米。

静立峰顶，近山进现，远山

丹霞日出（秋）

来朝。以僧帽峰为“龙头”的壮年期簇群式的丹霞地貌峰林峰丛尽入眼底。以锦江、姐妹峰、巴寨为代表的西部群峰参差入眼。目光所及，尽显丹霞第一神山的无限魅力。

而或一轮红日东升，紫气入胸怀，群山动容颜。

长老峰上建有观日亭，是观赏丹霞群峰和丹霞日出的最佳地点。

与长老峰并峙的海螺峰是丹霞山水平洞穴极其发育的岩层。海螺峰山峰大小适中，峰体基部断续地发育了环海螺峰水平洞穴群。6个水平洞穴按顺时针依次是海螺岩、晚秀岩、水帘岩、火烧岩、雪岩、大明岩。

法螺宜常吹：海螺岩

海螺岩位于海螺峰顶之下。因洞体曲折上升，形似一只巨大的海螺而得名。洞口西向，与晚秀岩相近。洞内有别传寺祖师今释澹归禅师塔墓。洞口有“海螺岩”“最上乘”等清代摩崖。

夕阳无限好：晚秀岩

晚秀岩是一个大型水平洞穴，位于海螺岩西侧。晚秀岩洞壁凹槽内厚达1米的泥质粉砂岩是丹霞组锦石岩段与白寨顶段分界的标准岩层。

因洞口向西，每当夏日，夕阳映照洞壁，益晚愈秀。洞外古木参天，北侧一棵木荷高达30米，干径1.6米，树龄约200年，堪称粤北木荷之王。洞内有房屋数楹，神案尚在，水帘一握自海螺岩顶滑落，潜出至别传寺篻竹岩，再下为幽洞通天，水流经安定门北侧入锦江。

晚秀岩

晚秀岩木荷王

水帘岩

火烧岩

水帘如幕：水帘岩

水帘岩是海螺峰北侧水平洞穴，与晚秀岩相距不过百米，洞口西北向。因洞口上沿密生龙须草，每当雨季，洞口常常水帘如幕而得名。

洞口外面古木参天，西侧有清初《水帘洞记》摩崖，洞内尚存古人居住时踏碓舂米石臼遗址和房基。

初霞映照似火烧：火烧岩

火烧岩与水帘岩相去不过50米，洞口东北向，盛夏清晨，阳光满洞，景色绮丽。1987年螺顶浮图修缮所用的岩块，多取自该洞东侧。

月光莹如水：雪岩

雪岩，是丹霞山最美的水平洞穴之一。雪岩洞口东向，因洞体上部发育多个富含碳酸钙的漏斗状洞穴，阳光初照，或圆月映扫，洞体如雪而得名。

雪岩洞顶有清康熙年间高承爵[①]书“雪岩”二字摩崖，三百多年来，仍清晰如新。洞内前人布置的红砂岩窗、台、柱、案、梁等构件精美。相传原供奉关帝羽、吕祖纯阳二神像。现存寺庙遗址。

洞左有“纵目”摩崖二字，颇得旨趣。洞右毛竹成林。

乳泉点滴汇成渊：大明岩

大明岩位于雪岩右侧。石乳泉自海螺峰顶潜伏岩下，滴水成池，终年

---

①高承爵（1651—1709），字子懋，号一庵，汉军镶黄旗人。官至安徽巡抚。善擘窠书，即大字榜书。

不竭。池水清澈甘甜，在清朝时期是山顶僧众的主要饮用水源。岩内有龙王阁遗址，岩口有两株百龄香椿直干云天。

“乳泉春溜”为清初丹霞十二景之一。

幸有舍利崇山阿：螺顶浮图

螺顶浮图为一佛教舍利塔，又作螺顶浮屠。高踞海螺峰之巅，远望丹霞群峰如画图。清康熙年间由别传寺修建，舍利子由别传寺开法祖师天然禅师请自庐山。

螺顶浮图

今塔为1987年由本焕老和尚主持修葺，塔体以丹霞红砂岩条石砌筑，四周浮绘文殊、普贤、地藏、观音诸菩萨像。原舍利塔包裹其中。

“螺顶浮图”为清初丹霞十二景之一。

一梁飞架似彩虹：虹桥

虹桥，是连接海螺峰和宝珠峰的梁状山脊。虹桥右侧悬崖凌空，岩下三株百年马尾松并排生长，人称“结义松”。左侧林木深秀，泉源汇入白龙池，下挂为马尾瀑。欣赏丹霞群峰的景观，此处可与长老峰媲美。

虹桥风光

“虹桥拥翠”为清初丹霞十二景之一。

涛声依旧：松树坳

松树坳，为海螺峰前往宝珠峰的最低处。因四周生长上百株百年以上的马尾松得名。

静坐其间，松涛阵阵，吐纳养生。与马尾松共生的木荷、白桂木、樟树等构成丹霞山顶级生态群落。坳口水流向西汇聚白龙池，是锦岩马尾瀑的主要水源涵养林。

右路经百步梯、觅亭可至阴元石。

“松涧涛风”为清初丹霞十二景之一。

松树坳

最是一年中秋时分：片鳞岩

片鳞岩位于宝珠峰东侧，因岩洞风化片状剥落似鳞片而得名。游人常将其与锦岩内的龙鳞片石相混淆。岩侧有龙王泉，终年不竭。

岩口呈半弧形，正对僧帽群峰，四时景色各异，最是仲秋时节，明月如水，丹雪盈怀，悬挂于僧帽群峰之上，完整地走过属于丹霞的天空。

片鳞秋月赏月台

片鳞岩是岭南最佳赏月地。“片鳞秋月”是清初丹霞十二景之一。

韶乐飘飘犹在耳：韶音台

韶音台，位于索道上站东南侧崖壁之上，2005年修建。与观日亭遥遥相望。台前诸峰显赫，韶乐缥缈犹在耳。

韶音台与观日亭同为观赏丹霞山东部群峰的最佳观景平台。

亭亭如珠：宝珠亭

宝珠亭，建于海拔408米的宝珠峰顶。亭周古木参天，登亭可环顾丹霞山景。

舵石（刘加青 摄）

法海慈航靠舵手：舵石

舵石，位于丹霞山主山北侧边缘。

丹霞山主山整体似一艘扬帆待发的巨轮，而三面绝壁的舵石似舵盘。

舵石右侧景观是僧帽峰、韭菜寨，左侧是锦江、睡美人，远处姐妹诸峰和仁化县城风光尽在眼底。别传寺开山祖师澹归最爱此地景致，自号“舵石翁”。

自韶音台通往舵石，沿途古木参天。

“舵石朝曦”是清初十二景之一。

南湖如龙潜丹霞：翔龙湖

翔龙湖是丹霞山标志性景观，修建于1984年，因湖面形状似一条腾飞的青龙而得名。湖区最大水深20米，湖长1400米，湖面面积9.1万平方米，库容58万立方米。最初为饮用水源，现辟为翔龙湖游览区，游船全程1300米。

湖光山色，赤壁倒悬，欸乃之间，已至湖尾。沿途可见仙居岩道观、玉带桥、熊猫石等景观，两侧有众多龙文化刻石。

有沿湖游步道，湖尾游步道通往阴元石、卧龙冈、长老峰。湖尾沼泽四时景色各异。

翔龙湖

龙马精神：龙腾峡

龙腾峡属丹霞组巴寨段岩层，受北东向节理控制。基岩与基岩、崩积巨岩块之间构成一组“之”字形巷谷，巷谷总长约30米；崩积巨岩块倚靠基岩，形成一对“人”字形的崩积穿洞。

南侧的崩积残谷是前往阴元石的重要通道，谷口一株遒劲似盘龙的鸡血藤，藤龄已逾百年。

一石向天堪卧龙：卧龙冈

卧龙冈，是丹霞腹地的一座海拔约200米的小山冈，与两侧山丘组成一条飞龙静卧在丹霞群山之间。因地处丹霞峰林中心地带，四周都是风景，环视，则长老、宝塔、僧帽、望郎归、蜡烛、羊州、破军诸山石，尽归于心。

笑口敞开：大口岩

大口岩位于卧龙冈南侧，黄沙坑与芳坑分水山冈。因北侧下部岩体风化、崩塌，自卧龙冈近视和长老峰一带眺望，均可见岩体仿佛张大的嘴巴，故名。

大口岩地处丹霞山腹地，原生态保存完好，绕行但见沟谷与山坡藤蔓交织，古木参天，随时可能遇见鸟兽蛇虫。2009年9月，“绕行大口岩”是六省联合申报世界自然遗产“中国丹霞”中，唯一一条野外科学考察路

卧龙冈风光

线，使其闻名于世。为了保持原始生态，联合国教科文组织世界遗产专家考察之后不久，该路线即行封闭。

可在卧龙冈近距离观望大口岩。

IUCN专家在大口岩考察

美丽的裙裾：蝴蝶谷

蝴蝶谷，是卧龙冈森林步道入口不远处的一条长约300米的沟谷，因蝴蝶品种繁多得名。

孤留一柱撑天地：天柱石

天柱石，又名蜡烛石、菡萏峰，是丹霞山标志性景观。天柱石为典型的岩柱地貌，岩柱相对高度42米，直径5~8米，基部风化严重。明末李永茂有“孤留一柱撑天地，俯视群山尽子孙”诗句形容之。

天柱石东侧一字排列的是仓石、廪石。仓石四围绝壁不能登，廪石东侧半壁有路可达。

天柱石在观日亭、韶音台等处均可得见，尤以卧龙冈最为清晰。

望郎归

望穿秋水待郎君：望郎归

望郎归是丹霞山标志性景观，又名望夫石。位于天柱石东侧，为一附生在枫树寨崖壁上的岩柱。望郎归看起来如一位头盘发髻，身穿红裙，亭亭玉立的夫人。相传其夫君外出打鱼，后因沧海桑田，湖水退却，至今未归。

观日亭、双喜台、毓秀台、卧龙冈等处均可遥见。自龙王坪山路前往观赏最为真切。

舜帝坐化像

箫韶曾此奏：舜帝坐化像

舜帝天然坐像，一名猿人石，又名书童石、童子石、背崽峰。位于宝塔峰前山冈上。

从天柱石一侧观望，形态庄严，俨如坐化的舜帝。从毓秀台一侧观之类猿人，须眉皆是。从卧龙冈观看，似一怀抱鲜花的童子。从宝塔峰一侧观望，又似一位背着书包上学堂的孩童。

宋代诗人余靖[1]赋诗："箫韶曾此奏，钟石无遗像。"

三代同堂：宝塔峰

宝塔峰、小宝塔峰、小小宝塔峰同居一山。宝塔峰结构宏大，高近200米；小宝塔上尖下削，又名宝塔峰；小小宝塔乖巧迷人，又名玉笋峰。三座宝塔峰是锦石岩段红层，基础是巴寨段红层。

宝塔峰

小宝塔峰

小小宝塔峰

---

①余靖（1000—1064），北宋官员，本名希古，字安道，号武溪。韶州曲江（今属广东韶关）人。著有《武溪集》。

一字如列屏：玉屏峰

玉屏峰，居宝塔峰之右。一岩舒展似屏风，故名。

自韶音台观赏，玉屏峰与左右两侧山石并列，形如三尊大佛，又似三位道长。

玉屏峰（三世佛）

神掌镇河妖：六指擒魔

六指擒魔位于锦江左岸，流水侵蚀崖壁，形成山石如六根手指伸入锦江。

传说当年水怪妖魔常在锦江一带兴风作浪，给两岸人民和过往船只造成伤害。为降河妖，上天用此六指神掌擒拿妖怪，永镇妖魔，从此锦江两岸畅行无阻，人民安居乐业。神掌无名指上有人工雕饰的“魔戒”一枚。

六指擒魔

欲屏弥彰：屏风石

屏风石位于私石寨北侧。三爿石头如屏风并立，岩高近百米，耸立于天地之间，甚是雄壮。屏风石是岩墙向岩柱发育的过渡形态。

从私石寨下望屏风石

有板有眼：穿板寨

穿板寨位于丹霞山腹地，突出于庙仔坑下游。近山顶部位有一个天然穿洞，形似象鼻，远近可见。半山处有山寨，屋舍井池俱在。山坡生长的罗汉竹竹茎底部十余竹节膨大如珠，颇为奇特，是一种具培育前途的观赏竹。

穿板寨

丹霞之山：韶石景区

薛荔雨余山自黛[1]：韶石生云

韶石生云，一名韶石攒奇，又名丹霞云海，是清初曲江二十四景之一。韶石是丹霞群山最早的名称，历史可以追溯到4 000多年前。

丹霞山最美的风景出现在雨天，最好是暴雨过后的云漫丹山。每年五一劳动节期间，往往天气预报有中到大雨，许多游客就听而却步了！其实，丹霞山经常是晚上下雨，白天阳光伴着山岚云雾。春夏之交的丹山锦水，一派生机。

观赏韶石生云的好季节还有冬天，特别是冷空气南下的第一个清晨，红日初升，锦江沿岸和丹霞山各大小沟谷，晨雾缭绕，所有尘世间的烦恼和喧嚣皆被掩盖，天地之间只余下一片放大了的盆景，缩小了的仙境。

最佳观赏地点：韭菜寨、朝石顶、金龟岩、长老峰、上天龙。

丹霞山地理中心：金龙山

金龙山，海拔410.5米，是丹霞山地理中心，也是韶石景区最高点。地理坐标为北纬24° 57′ 55″，东经113° 42′ 12″。

金龙山西北部的半山腰有金龙山岩庙遗址，岩庙内部节理、壶穴等地质遗迹丰富。岩庙山门保存完好。

天气晴好时，从观日亭往南略偏西方向观望，远处较大体量的浑圆山块即金龙山。

---

①“薜荔雨余山自黛”出自胡曾的《自岭下泛鹢到清远峡作》。胡曾，号秋田，晚唐诗人。《唐才子传》称赞他“天分高爽，意度不凡”。

金龙山（自马头寨眺望）

白寨顶（自马鞍寨远眺）

百里挑一：白寨顶

白寨顶海拔408米，位于韶石景区腹地，与金龙山、金龟岩鼎足三立，是丹霞山体量较大而且地形复杂的大块山石。山顶一带洞穴累累，著名的有燕子岩、观音岩、河狗岩等。

白寨顶是观赏和研究丹霞组岩层的重要地点，自下而上，丹霞组巴寨段—锦石岩段—白寨顶段岩层完整出露。

缘水西坑前行，经黄公陂水库船载以入，登两处天梯，跨两道山门，几经转折，可达白寨顶山顶。自较坑村往金龟岩的简易公路左侧小路亦可崎岖前往。

广东北大门：双阙石

双阙石，又名蜡烛石，为丹霞地貌中发育最为典型的墙状地貌。因两座“岩墙”相对如秦汉宫阙大门得名。双阙石是丹霞山标志性景观，“双阙倚天”亦是韶石景区的著名景观。

南阙（右阙石）海拔301米，北阙（左阙石）海拔312米，相对高度约200米。上京古道自双阙西北侧经过。从丹霞山火车站、周田一带远观，尤其突出。周田镇麻坑村有山路通达。

双阙石

金榜题名：朝石顶

朝石顶，一名挂榜山，又名韶石顶。海拔351米，与长老峰等高，崖壁南北延长700多米，相对高度250多米。朝石顶是浈江右岸最为显著的崖壁，崖壁凹凸如科举时代的金榜。

朝石顶

朝石顶北侧一岩柱突起，高40余米，当地人称为“猫卵石”。柱体沿垂直节理生成一细小穿洞，颇神奇。

在亲联村与共和村段隔江近望崖壁最为真切。自较坑村、乱石滩村均有山路通达朝石顶山顶，自山顶俯瞰浈江周田—大桥一带田园锦绣，西望韶石群峰如林。

快马加鞭：马鞍寨

马鞍寨海拔266米，因山体两端弯起、中间低凹，形似马鞍得名。鞍部平坦开阔，眺望朝石顶、白寨、僧帽峰、旗杆石诸峰远近不一，高低错落；回望田园开阔，客家村舍俨然。南侧猴哥寨崖壁凹凸有致，颇耐观赏。

马鞍寨

一龟难求：金龟岩

金龟岩，是丹霞山标志性景观，号称“天下金龟第一”。金龟岩海拔366米，因岩石外形如同一只静卧在韶石景区核心位置的巨大无比的金钱龟而得名。山上原有金龟岩庙，泉井寨门一

金龟岩

应俱全。近山顶岩体发育了一对“玲珑剔透”的穿洞，穿洞中有供桌、神像和摩崖多处，其中的《舍街记》摩崖刻于北宋，为丹霞山现存最古老的摩崖。

金龟岩的沟谷原本有许多金钱龟生长其间，但因为人们的盗猎，如今是“一龟难求”。

聪明的蛇头：长寨

长寨，一名蛇山，又名两头寨。按比例算，可能是丹霞山最“苗条”的山体。山体东西长1200米，南北宽20~60米。长寨像传说中的双头长蛇，东边的蛇头部位有个小小的穿洞，是蛇的眼睛。

长寨之西头

长寨与金龟岩相对而生，人们称之为“龟蛇相斗”。

三口之家：双石下

双石下，位于韶石景区腹地，又名双石峡、蜡烛寨、一家人。两座较大的山岩相伴而生，旁边一座山体较小，仿如孩提，形似一家三口。中峰北侧有一个水平岩洞，名灶角岩。

双石下（曾明 摄）

这三座山石对应明清时期的《韶石三十六石图》中的“左毬门石”“右毬门石”和“侍石”。

双石下四周沟谷幽深，四面绝壁，难以亲近，不能攀登。

花叶不相见：韭菜寨

韭菜寨，是丹霞山东北部的一座高大山峰，因山顶遍生野韭菜和石蒜得名。韭菜寨紧邻棺材寨，四面绝壁，原不可登。古人开凿多段“之”字形石级，设两道寨门，仅能沿岩槽躬身前行，险阻无比。

韭菜寨

山顶西侧是观赏韶石群峰的最佳地点之一，邻近106国道，极具开发潜力。鹅公龙村附近有驴友道路通往山顶，是丹霞山最佳摄影点之一。

棺材寨

方方正正：棺材寨

棺材寨，与韭菜寨相近，因形体似一口方方正正的棺材而得名。四面绝壁，是丹霞山少数体量较大而无法攀登的山头。

岩堡的代表：羊州寨

羊州寨，又名扬州寨，是丹霞山标志性山峰。

羊州寨海拔388米，四面绝壁，山体整体呈圆桶形，突立于群峰之中。丹霞地貌顶平、身陡、麓缓的特征表现特别明显。羊州寨正北侧的崖壁麓部发育了大型蜂窝状洞穴群。南侧崖壁中部一岩柱如人形，面壁而立。

登顶之路由三级绝壁构成，险阻难行，特别需要胆量。

羊州寨象形岩柱

一石矗立堪插旗：旗杆石

旗杆石海拔275米，耸立于韶石群峰之间，拔萃于红岩基座之上，岩柱高约70米。

旗杆石东南崖壁上发育一处水蚀凹槽，形似破酒瓶，十分奇特。

旗杆石破酒瓶

旗杆石

吹糠见米：簸箕寨

簸箕寨，是一个中型的岩堡。岩体浑然如一个倒扣的簸箕，又似一顶巨大的钢盔。

丹霞之山：巴寨景区

大地构造掀斜的美景：仙山琼阁

仙山琼阁，位于丹霞山西部。

站在丹霞电站两侧的日月亭，向西眺望，看到的是壮年期丹霞地貌的绝美景观。锦水蜿蜒前行，田园风光依次展开，村落点缀其间，如诗如画，如梦如幻。

排闼而来的丹山，自北而南，前列山峰姐妹峰—拇指峰—扁石寨—上天龙—观音石—观音山—田螺石—马头寨，与高大的背景山峰两头寨、燕岩、茶壶峰、巴寨，共同构成举世无双的丹霞山水奇观。从姐妹峰、观音山向西南至马头寨、伞石，景观南北跨度达13千米。

与东部近水平岩层不同，仙山琼阁近锦江的第一列山峰属于缓倾斜构造，岩层倾角介于10° ~20° ，以姐妹峰、拇指石、扁石寨、上天龙表现最为典型。吴川—四会断裂带将仙山琼阁“掀斜”，断裂线与锦江的走向大体一致。

仙山琼阁

乾坤第一掌：巴寨

巴寨，丹霞山最高峰，是丹霞山标志性景观之一。巴寨为岩堡地貌，海拔619.2米，与山下锦江水面相对高差为550米。巴寨山体自下而上，完整地出露了丹霞组巴寨段—锦石岩段地质剖面，充分地表现了顶平、身陡、麓缓的丹霞地貌特征。

关于巴寨名字的由来，有三种说法。第一种，因其形状似巴掌而得名；第二种，因巴石埂形如一条长长的尾巴，从岩脚一直延伸到暖坑村口而得名；第三种，是因从上洞村远眺，巴寨的西南侧有一巨岩巴在岩石上而得名。“巴”在客家方言里是紧贴、黏附的意思。

巴寨极顶、壶峰品茗、天女散花（羞女岩）、仙人对弈、巴寨天梯、丹霞守护神岩柱为巴寨著名景观。

白莲的白泥坌、上洞和夏富的暖坑均有山路可通巴寨。从丹霞山的各大山头都可以看到巴寨。天气晴好时，韶关市区新地标的莲花山韶阳楼也能眺望得到。

巴寨

天下第一壶山：茶壶峰

茶壶峰是丹霞山标志性景观之一。茶壶峰与巴寨相对，海拔556米，为丹霞山第三高峰，因形似茶壶而得名。

壶体垂直高度230多米，壶周长3000多米。壶盖似一只调皮的猴子，因此又叫“猴头壶”。壶把与壶体分开，相传是热情的同金寨姐妹为争着给客人斟茶而摔断开的。

壶嘴附近有一座与茶壶峰匹配，堪称“天下第一杯”的茶杯峰。

从长老峰、细美寨等都能看到茶壶峰，而在巴寨寨门附近欣赏，风景最为神奇。

航拍茶壶峰（刘加青 摄）

姐妹同心：同金寨

同金寨是丹霞山标志性景观之一，又有屯军寨、姐妹峰、云客山、双髻峰等名称，是耸立于锦江之滨的两块心相连、身依偎的巨大岩体，海拔398米。同金寨取“二人同心，其利断金”之意；因曾多次驻扎军队，故又名“屯军寨”。过去当地村民习惯把北侧略矮的岩石称为“姐峰”，南侧较高的称为“妹峰”，因而得名“姐妹峰”。

同金寨山峰近岭背村一侧发育有国内最复杂的丹霞地貌巷谷群，内里十数条巷谷纵横交错，复杂异常，深窄难测，人称“丹霞迷宫”。位于西侧谷口的“云客山”寨门修筑于

同金寨

清康熙年间，现已半圮，位于东侧谷口的“同金寨”寨门至今保存完好。

岭背、上迳、石下等村均有险阻山路可达同金寨山顶。

万古丹霞冠岭南：拇指峰

拇指峰因形似一个大拇指而得名，是丹霞山著名象形石之一，也是仙山琼阁的重要景观。拇指峰是岩柱地貌。1986年时任中国佛教协会会长赵朴初游锦江时，从拇指峰获得灵感，有诗句：“自夸巨擘非虚妄，万古丹霞冠岭南。”

拇指峰

百面人生似画图：扁石寨

扁石寨是丹霞山著名的墙状地貌之一，位于上天龙与拇指石之间。因山体岩壁风化差异成块状，形似百面人生，又如千佛一面。扁石寨的西南侧有犁墩头崖壁。

山顶有寨，自岭背一侧崎岖可登。

扁石寨

画龙点睛欲腾飞：上天龙

上天龙，一名孝天龙，又名啸天龙、笔架山，位于夏富村附近。山头整体如一条腾飞的苍龙，更为奇绝的是山顶天生一个穿洞如龙睛。

独立龙头，每当冬日清晨，常见锦江晨雾弥漫田园，远近群山如玉，观

上天龙龙眼（刘加青 摄）

音普度，姐妹情深，巴石岩岩，一轮红日自东部群峰冉冉升起。

东北侧谷口“盘谷山”寨门规模巨大，保存完好。自夏富村经盘谷山，或自暖坑村有山路通往龙头峰，是丹霞山最佳摄影点之一。

一帆风顺：观音送子

观音石和风帆石是丹霞山标志性景观。观音石和风帆石是一组二位一体的丹霞地貌奇观，海拔398米，相对高度300米，为丹霞山最著名的高位孤峰之一。

观音石，一名观音送子，又名送子观音、童子拜观音。因形似面西跏趺而坐、怀抱婴儿的观音得名，观音石前有较小的山体如多位或坐或立的童子呈礼拜状。

风帆石，又名一帆风顺。风帆石西南侧并有两个稍小的岩柱，似民间占卜用的道具，当地人称之为“圣巧石”。

风帆石

从观日亭、锦江游船等多处均可远距离观赏观音石和风帆石景观，但以牛鼻桥头、锦江竹筏观赏最为亲近、真切。最为神奇的是，从石的背面看，石分三瓣，形似风帆，兼慈航普度之意。

保驾护航：观音山

观音山，因观音石得名。海拔517米，是丹霞山海拔大于500米的7座山峰之一。近山顶有寺庙遗址。东坡险峻成多级陡崖，自暖坑一侧有险阻山路可达岩庙遗址；西坡稍缓，自上洞村一侧有山路可通山顶。

虎啸猿啼今何在：老虎埂

老虎埂，海拔457米，位于观音山与田螺石之间，岩体向西北缓倾斜。山体东南崖壁十根百米高的节理柱墙，三面临空，凹凸有致，引人注目。其中一根“人工仔石”岩柱高30米，形似头宽、颈细、体修长、身着百褶红裙的小姑娘，又似一只瘦俏的公螳螂，尤为奇特。西北近上洞村一侧溪坑壶穴发育。山路崎岖，前往极其不易。

燕燕于飞：燕岩

燕岩，又名飞云岩，海拔594米，是丹霞山第二高峰，也是丹霞山体量最大的山块之一。西坡有燕岩、燕桥等景观，西北坡有燕岩寺遗址，东侧有飞云岩。东北侧一岩柱独立如马坝猿人头。燕岩与平头寨之间的鞍部是王山坑发源地。

燕岩

从观日亭、细美寨远观山顶平整的大块山体是燕岩，经常被游客误认为“平头寨”。山顶崎岖难登。

天下第一螺：田螺石

田螺石，又名尖锋石，海拔487米。一石在江中拔起，因形似巨大的田螺得名。

田螺石顶部风化岩表斑驳异常，美丽如妊娠纹；沿节理风化的多列向天小洞穴，点滴之间又似星宿图。自山顶眺望老虎埂—巴寨一带风景秀丽，自崖麓仰望螺体西北侧丹崖十分壮美。

从锦江瑶山河段欣赏田螺石最为真切。

田螺石

驼铃声声：扁寨

扁寨，又名骆驼寨。海拔513米，由三堵岩墙组成。岩体之间一线天和巷谷发育，两壁之间附生一岩体绵延宛如青龙。山体西南侧崖脚发育一根形如身怀六甲的母“螳螂石”岩柱，活灵活现。自细美寨一带遥望扁寨，仿佛驼铃声声自天边传递而来。

扁寨

山顶有寨，道路险阻难登。

七峰千云：丹霞山海拔500米以上山峰

丹霞山海拔500米以上山峰共7座，全部分布在巴寨景区。它们分别是：巴寨619.2米，燕岩594米，平头寨576米，茶壶峰556米，观音山517米，扁寨513米，羊头坳500米。

烟霞供眼，大块文章。全部山峰均险阻难登，却又风光无限。

山里有神仙：五仙岩

五仙岩，一名五台山，又名米筛岩。从五仙岩山顶环顾丹霞群山，形似被扁寨、巴寨、茶壶峰、西竺岩、燕岩五座高大的山体怀抱，传说每座山上都住着神仙。从五座山峰上往下望，五仙岩犹如一只巨

五仙岩紫盖洞

大无比的米筛，镶嵌在五山之间。五仙岩山体东南绝壁上有大型水平洞穴发育，洞口东向。

五仙岩是丹霞山历史文化遗存较丰富的山头，山上建有五台山寨，寨门踞于西南绝壁。山顶有多处寺庙遗址。南侧绝壁上有书院一座。

五仙岩也是初级驴友训练的绝佳路线。

佛法西天来：西竺岩

西竺岩，岩洞口西北向，是丹霞山西部著名寺庙遗址。西竺岩自宋代起被辟为寺院，明清香火旺盛，清同治年间重修的门楼现今基本保存完好。西竺岩寺前有精美的雕饰和明嘉靖年间的《天堂福地碑记》碑刻、清同治年间的“西竺岩”题名。

西竺岩

西竺岩岩前溪涧是壶穴广泛发育的王山坑，门前有山路往天乙山新寨。

顶平如削：平头寨

平头寨是丹霞山西部边缘的高峰，因山顶相对平缓，远望如平头而得名。

平头寨建有两个山寨。近山顶的山寨为“平头寨”，位于半山的为“天笔岩”。岩内山寨格局规整，有摩崖石刻多处。如“焉速重登”，对联“阔人眼界飞鸟去尽青天回，怡我胸怀睡花收完白电满”“曲径无马踏迹，高台有松声呼”等。

登临山顶则四面绝壁，西无所依，顶多山杮，南侧崖隙生长冬青一株。

平头寨

头头是道：两头寨

两头寨是丹霞山西北部边缘最为引人瞩目的山石。远望双峰耸峙，近观则化为柱为墙、如龟似兔。因被凡口铅锌矿尾矿库暖坑水库阻隔，鲜为人知。

两头寨

丹霞之山：飞花水—仙人迹景区

得胜归来：凯旋门

凯旋门

凯旋门是丹霞山著名的天生拱桥之一，位于浈江区犁市镇黄竹村委矮寨村附近。一石成拱，傲立群峰，蔚为壮观。附近山上发育多个穿洞。

在矮寨村口外面的乡村公路为远距离观赏凯旋门的上佳位置。

磅礴大气：马头寨

马头寨，又名五指挪，位于田螺石与伞石

之间。海拔486米，由多座山石并列组成，形态各异，如五指伸张，凹凸有致，是飞花溪发源地。东侧壁立千仞，西侧发育穿窿岩一座。

马头寨

王者之相：狮脑山

狮脑山海拔438米，是丹霞山西南部边缘最高峰，因形似雄狮镇守得名。狮脑山近山顶龟裂凸包现象典型，山中溪涧发育有壶穴、瀑布，林木植被茂密。

浈江区犁市镇黄沙村委大王冲村依山而建。

神秘的足迹：仙人迹

仙人迹是丹霞山仙人迹景区命名石。位于浈江区黄竹村委乌泥坑村与仁化县大桥镇长坝村委张滩村交界点，地理坐标为东经113° 40′ ，北纬24° 53′ 。

相传仙人迹为神仙留下的足印，实则为长坝组红砂岩层表面受到差异风化所形成，像一个左脚足印，故名。仙人迹长1.62米，内生三个小窝，小窝深15~20厘米。足印雨季可积水，积水会从后跟的左侧（东南侧）溢出。

仙人迹居山冈顶部，人迹罕至，从乌泥坑村前往相对较易。另据当地老人介绍，韶关市区鸡公山也见一足印地貌，为右脚足印，与丹霞山仙人迹成对。

仙人迹

蜿蜒盘曲：南蛇头

南蛇头位于丹霞山最南端，在湾头电站大坝东北侧。山体像巨蟒蜿蜒2千米，蛇头东北向。山顶发育多处高位沼泽。此处距离韶关市区最近，风景又美，可与临近的峰火岭共同开发为市民远足的好去处。

九条地质遗迹科考路线

为了打造丹霞科学名山品牌，普及丹霞地貌科学知识，引导游客更好地领略丹霞山风光，本人将已经开放的游览区，按区域设计了九条地质遗迹科学考察路线。

层岩尽染读天书：锦石岩线

丹霞山地质科考1号线：锦石岩线。“色如渥丹，灿若明霞”1号线是

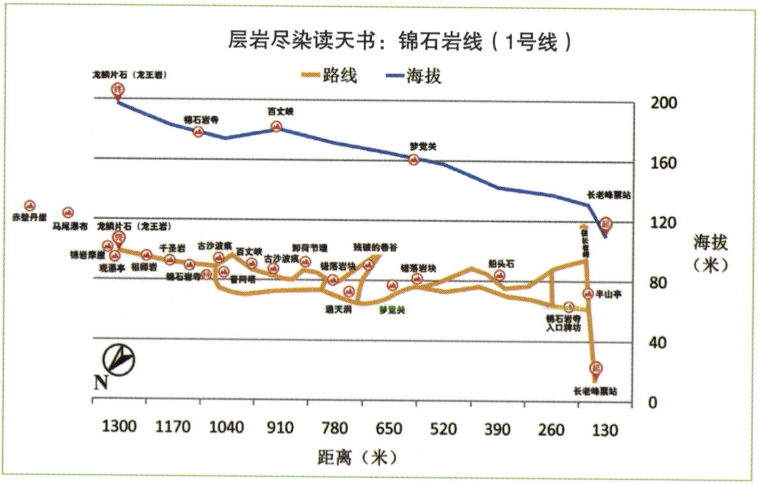

锦石岩线（韶关市丹霞山管委会供图）

领略丹霞地貌的首选路线。

从长老峰入口上行约300米，即抵1号线入口。从半山亭锦石岩寺牌坊至龙王岩，全程约1300米，游程约2小时。

沿线主要景点包括船头石、梦觉关、幽洞通天、百丈峡、古沙波痕、普同塔、千圣岩、祖师岩、伏虎岩、锦岩赤壁、马尾瀑、龙王岩等。

1号线沿线所见的泥质粉砂岩，是丹霞组巴寨段与锦石岩段的分界面。龙王岩最里头的龙鳞片石为丹霞山六大奇观之一。这条路线的文化遗存也十分丰富，“锦岩”“梦觉关”等近百处摩崖碑刻记录了锦石岩寺的千年发展史。

美不胜收登高处：长老峰线

“不登长老峰，枉来丹霞山”，丹霞山地质科考2号线为长老峰线，全称“长老峰—海螺峰—宝珠峰”线。

2号线全程约4千米，游程3~4小时。

自长老峰入口上山，沿线主要景点包括半山亭、“丹霞”摩崖石刻群、

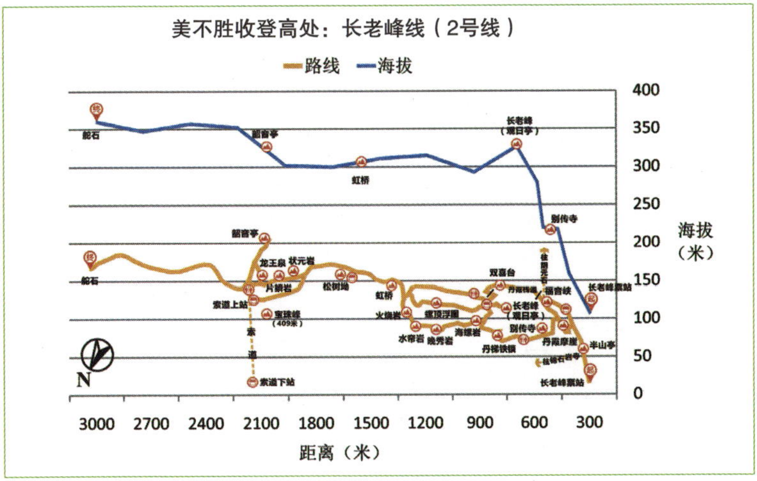

长老峰线（韶关市丹霞山管委会供图）

别传寺、丹梯铁锁、丹霞栈道、长老峰（观日亭）、雪岩、海螺岩、晚秀岩、螺顶浮图、虹桥、松树坳、片鳞岩、宝珠峰、韶音台、舵石等。

漏斗状小洞穴

长老峰山顶路步道

路线经过的海螺岩水平洞穴群的泥质粉砂岩是观察丹霞组锦石岩段与白寨顶段分界的最佳地点。

2号线是晨观日出、昏赏晚霞、夜观星宿，全方位领略丹霞山风光的首选路线。既可自长老峰入口登临，也可从索道前往。

湖光山色两相宜：翔龙湖—阴元石线

“天生一个阴元洞，无限幽深是龙湖”，丹霞山地质科考3号线为翔龙湖—阴元石线。

全长陆路约5千米，水陆并进约3千米，游程2~3小时。

沿线主要景点包括龙湖探幽、龙须涧巷谷、仙居岩道观、双龙壁、玉

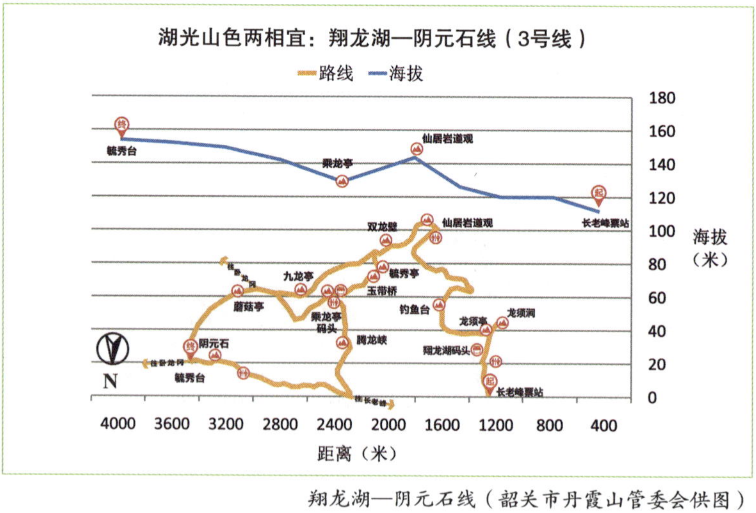

翔龙湖—阴元石线（韶关市丹霞山管委会供图）

带桥、翔龙湖崩积巨岩块、官帽石、狮子石、湖尾沼泽、阴元石、毓秀台、宝塔峰、蘑菇亭等。

“丹霞号”航空母舰（翔龙湖）

龙须涧

本路线的主要景观翔龙湖是于1984年修建的人工湖，因湖体形似一条飞翔的龙得名，湖长千余米，而阴元石则是一个酷似女性生殖器官的天下奇石。

从长老峰入口右路前往，环湖漫步清幽自在，船行则轻松惬意，是领略丹霞山湖光山色的经典路线。

深度深入的体验：卧龙冈—宝塔峰线

“孤留一柱撑天地，俯视群山尽子孙”，丹霞山地质科考4号线为卧龙冈—宝塔峰线。

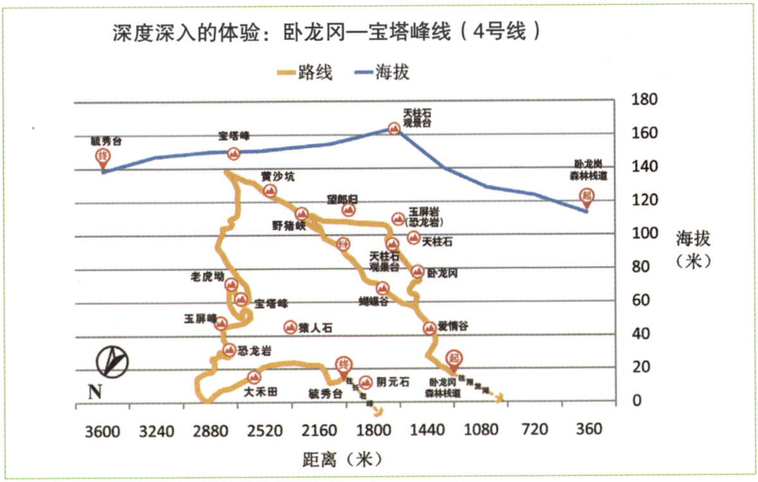

卧龙冈—宝塔峰线（韶关市丹霞山管委会供图）

天柱石之一柱

路线全程5500米，游程4~5小时，适宜户外活动爱好者行走。

沿线主要景点包括蝴蝶谷、卧龙冈、天柱石、野猪峡、黄沙坑、猿人石、宝塔峰、玉屏岩、恐龙岩等。

4号线的路途较为艰苦，大环线为全程游览。根据个人体力，游客可选择半程小环线：湖尾—蝴蝶谷—野猪峡—天柱石—卧龙冈—湖尾。游程约2小时。

本路线经翔龙湖尾进出，是深度体验丹霞山无人区原始风光的首选。

雄风最宜是朝阳：阳元石—细美寨线

“势拔牂牁半插空，更无他石与争雄”，丹霞山地质科考5号线为阳元石—细美寨线。

全程约4千米，游程2~3小时。

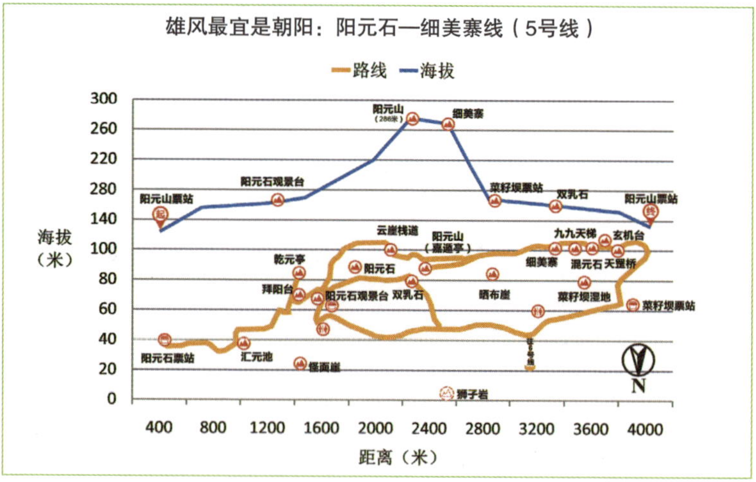

阳元石—细美寨线（韶关市丹霞山管委会供图）

云崖栈道

自阳元石游览区入口进入，以天下第一奇石——阳元石为代表，沿途景点还包括怪面崖、汇元池、拜阳台、乾元亭、云崖栈道、嘉遁亭、细美寨、九九天梯、玄机台、风车岩、晒布崖、双乳石等。

游客可以在上午观赏“更无他石与争雄”的阳元石；在云崖栈道与丹霞崖壁零距离接触；傍晚在细美寨观赏丹霞日落。

本路线是领略天地造化鬼斧神工的必选路线。

浑然天成世间稀：通泰桥—混元洞线

丹霞山地质科考6号线为通泰桥—混元洞线。

全程2.5千米，游程约2小时。

自腾蛇坳入，沿途景点包括通泰桥、天门关、海豹石、云门、混元

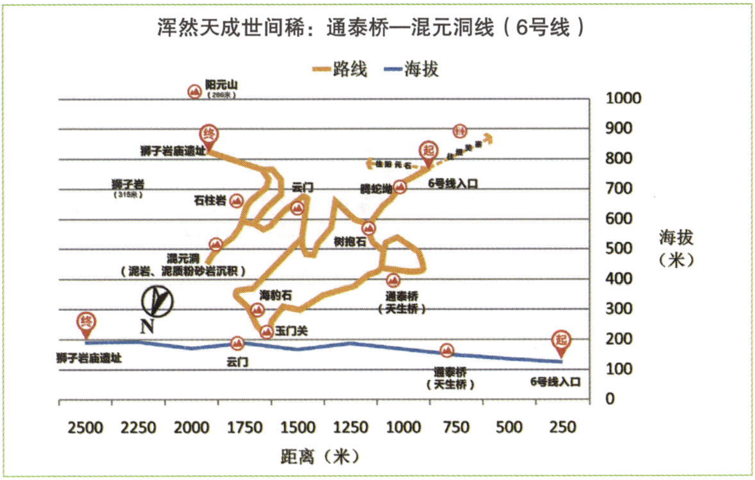

通泰桥—混元洞线（韶关市丹霞山管委会供图）

狮子岩庙遗址

鹞婆寨与海豹石

洞、狮子岩、狮子岩庙遗址、细美寨岩墙等。

本路线景点中的通泰桥悬跨鹞婆寨半山腰，是丹霞天生桥的标志性桥梁；云门的崩积穿洞地貌，妙趣横生；混元洞泥岩与泥质粉砂岩交错沉积十分典型；海豹石浑然天成。

6号线属阳元石游览区北部的经典游线，也可视为5号线的延长线。

欸乃一声丹霞红：水上丹霞线

“绝境方知在岭南”，丹霞山地质科考7号线为水上丹霞线。

全长6千米，游程约1小时。

7号线位于锦江下游的上段，介于狮头岩、断石村与丹霞电站之间。

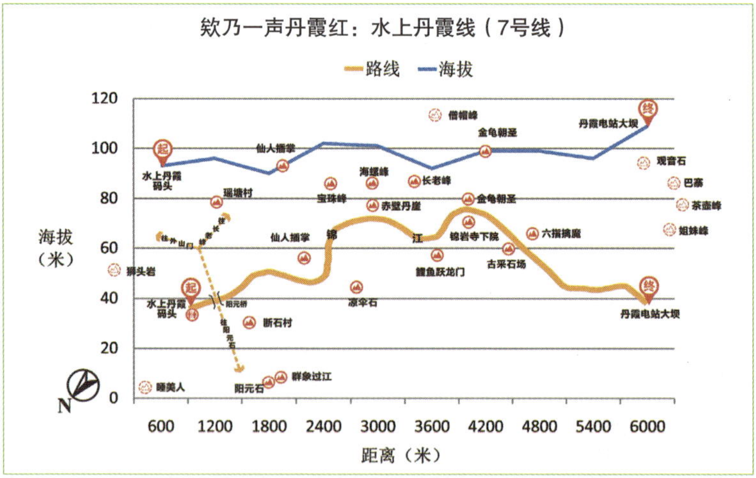

水上丹霞线（韶关市丹霞山管委会供图）

沿途可欣赏狮头岩、睡美人、群象出山岩墙群、仙人插掌、鲤鱼跃龙门、金龟朝圣、六指擒魔、古采石场、僧帽群峰，远眺拇指石、茶壶峰、童子拜观音等。

水上丹霞断石码头

仙山琼阁醉游人：锦江竹筏线

“临别游江再看山，群峰逞态妙难言”，丹霞山地质科考8号线是锦江竹筏线。

全程7千米，需时1小时。

8号线位于锦江下游中段，介于丹霞电站与瑶山电站之间。自董塘河口的石下码头至牛鼻村码头。

沿岸主要景点包括双江汇流（董塘河汇入锦江）、姐妹峰、拇指石、茶壶峰、巴寨、夏富古村、上天龙、观音石、锦江竹林、两岸田园风光等。

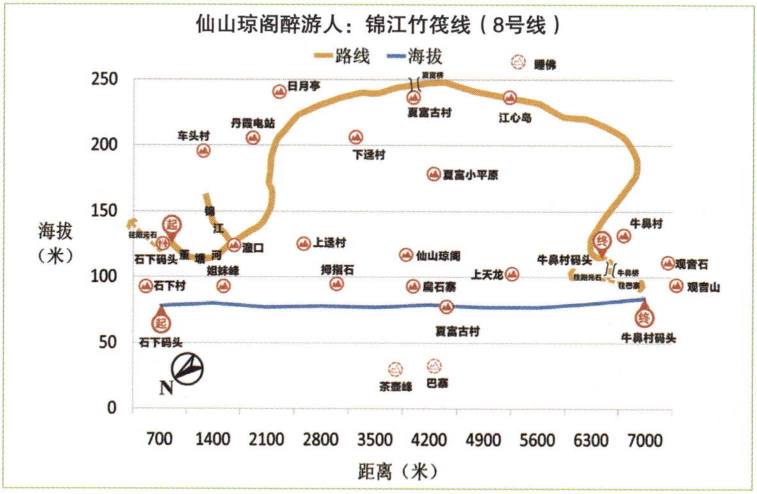

锦江竹筏线（韶关市丹霞山管委会供图）

丹霞竹筏（曾明 摄）

8号线游览丹山碧水共同组成的仙山琼阁、世界最壮美的壮年期丹霞地貌景观。

丹岳峥嵘：巴寨线

“掌上乾坤大，俯仰群山低”，丹霞山地质科考9号线为巴寨线。

登山路线单程约5.5千米，往返时间6小时左右。

巴寨是丹霞山最高峰，被誉为“丹岳”，海拔619.2米。登巴寨分两级平台，自暖坑服务区至巴寨第一观景台约3千米，至古山寨约4千米，再上为巴寨极顶。

主要景观是“乾坤第一掌”巴寨、“天下第一壶山”茶壶峰、巴寨

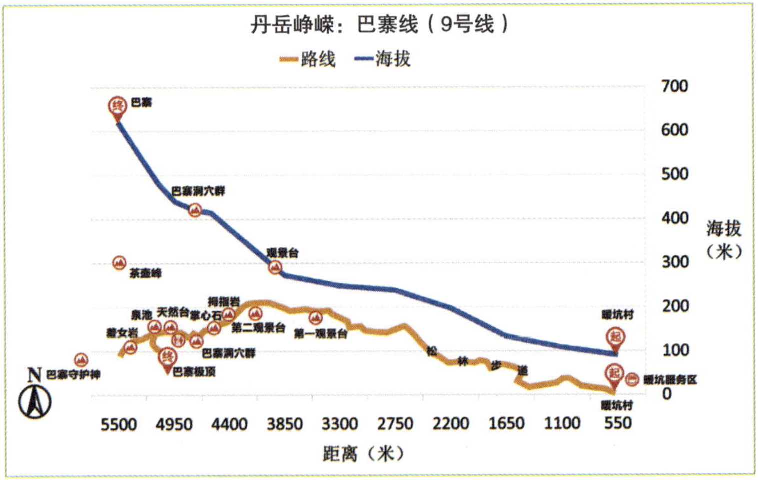

巴寨线（韶关市丹霞山管委会供图）

巴寨守护神

巴寨天梯

洞穴群、巴寨守护神、巴寨天梯、巴寨山寨、摩崖、泉池、微型蜂窝状洞穴、天女散花（羞女岩）、泥质粉砂岩夹层、山顶丛林等。

9号线是登峰造极，挑战自我，领略大体量丹霞山体的最佳路线。在巴寨露营也是个不错的选择。

附：丹霞山最佳摄影点一栏表

山色日新，百摄不厌；山无常态，常拍常新。山水蕴藉在每一个人心中，一千个人眼里有一千个丹霞山。为了让广大游客和初来乍到丹霞山的摄影爱好者能够在有限的时间内于最佳地点拍摄到最真最美的丹霞景色，现将丹霞山开放区域和容易到达的地点、主要拍摄对象、最佳拍摄时节及注意事项列表如下。

序号	景点、地点	主要拍摄对象	最佳时节	备注
1	观日亭（长老峰）、虹桥、韶音台	丹霞日出、云海、僧帽峰林、马尾松、山顶古树名木、海螺—晚秀等水平洞穴群、岩鹰	四季皆宜、雨过天晴	徒步、索道登山均可
2	锦石岩寺	锦岩赤壁、马尾瀑、龙鳞片石、丹山锦水、百丈峡、梦觉关、“锦岩”摩崖石刻群	四季皆宜、雨过天晴	尊重寺规
3	别传寺	“丹霞”摩崖群、别传寺老山门、福音峡、馒头石、巴寨—壶峰剪影	四季皆宜	摩崖可耐心品读
4	丹梯铁锁	别传禅寺、锦水丹山、摩崖石刻、睡美人、巴寨—壶峰	四季皆宜	惧高者不宜
5	舵石	人面云海、美女卧云、群象出山、群鹰翻飞	四季皆宜、雨过天晴	防雷雨

续上表

序号	景点、地点	主要拍摄对象	最佳时节	备注
6	面壁台（虎头岩背）	丹霞命名石、丹崖赤壁、马尾瀑、锦岩	下午、雨过天晴	当心危岩落石、蚊虫
7	阳元石观景台	阳元山、阳元雄风、雄狮高卧、仙鹤冲天	四季皆宜、上午	上午8～11时阳气最足
8	通泰桥	通泰桥、晒布崖、狮子岩、海豹石、姐妹峰群	四季皆宜，夏秋尤佳	
9	细美寨	丹霞日落、九九天梯、细美寨	四季皆宜、下午	惧高者不宜
10	翔龙湖	丹霞航母、龙湖探幽、仙居岩道观、崖壁花卉、水鸟	四季皆宜，夏秋尤佳	
11	卧龙冈	天柱石、僧帽峰林、望郎归、丹霞梧桐、原生态	四季皆宜，早晚各异	防雷雨
12	双喜台	红“囍”崖壁、丹霞梧桐、僧帽峰林、丹霞栈道	四季皆宜，夏秋尤佳	
13	锦江游船	丹山锦水、群象出山、赤壁丹崖、金龟朝圣、六指擒魔、丹霞航母（法海慈航、长老峰）、僧帽倒映、水鸟	四季皆宜	
14	竹筏漂流	姐妹峰、双江汇流、锦江竹韵、拇指石、上天龙、茶壶峰、观音石、水鸟	四季皆宜	
15＊	日月亭	西部群峰、姐妹峰、仙山琼阁、夏富田园	四季皆宜	
16＊	锦水台	丹山锦水、僧帽倒映、车湾田园	四季皆宜	防雷雨
17	巴寨	巴寨、茶壶峰、羞女岩、丹霞群山	四季皆宜	徒步，体力欠佳者慎行
18	牛鼻桥	观音石、巴子石、锦江竹筏	四季皆宜、上午	当心桥头落石
19＊	瑶山电站北侧公路	风帆石、圣巧石、观音山	四季皆宜、上午	
20	夏富村	古村、古榕、田园、西部群峰	四季皆宜	尊重村规
21	狮头岩脚	丹山锦水、渔舟唱晚	上午、下午	
22	黄坑路口	僧帽峰、龟头石（僧帽峰与大塘寨组合景观）	四季皆宜、上午	当心过往车辆
23＊	古洋村附近山冈	五马归槽（五羊石）顶	四季皆宜	
24＊	周田镇月岭山冈	韶石群峰（双阙石、朝石顶、旗杆石等）、周田古村、浈江山水	四季皆宜、雨过天晴	

注：带*号的为待开放但容易到达的地点。

大地的衣裳

丹霞山是世界上纬度最低的大面积丹霞地貌分布区。湿润的亚热带季风气候、强烈的生态孤岛效应和热岛效应、海拔介于50~619.2米之间的山石群峰，为各种植物的生长提供了得天独厚的条件。

相比于中国西北部、美国西部、澳洲中部干旱区和半干旱区以及中高纬度的“裸体丹霞”，丹霞山的表面为2100多种高等植物，上百种苔、藓、真菌等低等植物覆盖，使得地貌形态异常丰富多彩。

目前，以“丹霞山”命名的植物有丹霞梧桐、丹霞小花苣苔、丹霞南烛、丹霞堇菜、丹霞兰、霞客鳞毛蕨、丹霞柿等。随着调查的深入，相信还会有更多的新种被发现和命名。

丹霞山特有植物

广东植物名片：丹霞梧桐

丹霞梧桐（花）

丹霞梧桐（果实）

丹霞梧桐是锦葵目、锦葵亚目、梧桐科、梧桐属植物。于1987年被科学家们发现并命名，是第一种丹霞山特有植物，全球仅丹霞山有分布。但其实丹霞梧桐已经在丹霞山自由自在地生长了上百万年。

丹霞梧桐属小乔木，叶子宽宽大大，夏天一片翠绿，劳动节前后，枝头开出粉嫩粉嫩的花朵，将丹山锦水装点得分外迷人。盛夏，五瓣一朵的蓇葖果实成熟，自是一种风景。

“万物安然夏，梧心独感秋”，这句颇富哲理的谚语用在丹霞梧桐上也合适。在国庆节前，丹霞梧桐的叶子便开始变金黄，十分美丽；秋天一过，丹霞梧桐便会黄叶落尽。

丹霞梧桐是丹霞山乃至岭南季相变化最显著的指示植物。

丹霞梧桐数量稀少，是国家二级保护植物。因为在生物学、生态学的杰出代表性，丹霞梧桐还被誉为广东的植物名片！

稍加留意，丹霞山游步道两侧均可以见到丹霞梧桐。

广东省林业部门对丹霞梧桐实施了极小种群繁育计划。如今，人工繁育的丹霞梧桐已经进入中山大学校园、华南植物园等地。

小花之美：丹霞小花苣苔

丹霞小花苣苔，属苦苣苔科。在2009年被中山大学的植物专家在野外考察时发现并命名。

丹霞小花苣苔

丹霞小花苣苔每年5月开奶黄色的小花，叶子绒绒的、肉肉的，耐观赏，叶形如朵，有一种异于花朵的叶朵之美。

丹霞小花苣苔数量稀少，尚无人工繁育，千万不可采摘。

苦苣苔科家族在丹霞山的成员还有牛耳朵、蚂蝗七、紫花马铃苣苔等十多个品种。花期各异，花色不同，是丹霞山崖壁植被的重要成分。

观赏地点为翔龙湖的龙须涧崖壁、锦石岩浸碧浮金水池边。

腐生的魔力：丹霞兰

丹霞兰

丹霞兰，全称丹霞山无叶兰，为腐生兰花，属于兰科、树兰亚科、布袋兰族。2008年被发现，2012年命名。丹霞兰是腐生兰家族最神秘的成员，全球仅在中国广东仁化丹霞山发现，分布狭窄，数量稀少，为极濒危物种。

丹霞兰没有叶子，从腐败的竹林树丛中拔地而起。抽穗、开花、结子，不过大半个月时间。花有黄、白两种颜色，在溪涧边，香气弥漫，美妙极了。

要想一睹丹霞兰的芳容，每年4月中下旬至5月中旬，在专业人士的带领下，到丹霞山深山区去找寻吧。

有种堇菜叫丹霞：丹霞堇菜

丹霞堇菜

丹霞堇菜是堇菜科鼠鞭草属植物。在2012年被发现并命名。丹霞堇菜不仅丰富了堇菜科植物的物

霞客鳞毛蕨

种基因库和遗传多样性，同时，其独特的形态结构和分类地位将为堇菜科植物的系统进化提供一个新的研究方向。

蕨类新成员：霞客鳞毛蕨

霞客鳞毛蕨，蕨类植物鳞毛蕨科家族中的新成员。于2013年被发现，为了纪念曾经描述过丹霞地貌的徐霞客而命名。霞客鳞毛蕨的叶轴和羽轴密被鳞片，叶柄基部鳞片红褐色，小羽片深裂，裂片小脉数量多对且裂片边缘具明显锯齿。

丹霞柿

又一个可能的新物种：丹霞柿

丹霞柿是柿树家族的新成员，因为植物学家正在对其进行研究，所以还没有具体的名称。

在山边，经常能看到丹霞柿的身影，绿油油的叶子，十分讨人喜欢。

科研人员正在努力培育丹霞柿，也许几年以后，就可以把人工繁育栽培的丹霞柿“请”进大城市。但是喜温的丹霞柿不能在北纬26° 以北的地方种植。

丹霞山特征种群

涛声依旧：马尾松

马尾松，松科松属植物，是中国南方地区最为常见的主要用材树种之一。可上百棵百龄以上的马尾松集中生长在长老峰—海螺峰—宝珠峰山顶

马尾松（花）

就十分难得了。丹霞山的马尾松虽有部分大树在20世纪被砍伐，但仍有少量马尾松幸存在丹霞山各处，成为原生马尾松的种源。

据中国科学院专家说，丹霞山的马尾松是中国目前生长最好的原生大面积马尾松群落。

马尾松最佳观赏地点是韶音台、虹桥拥翠、宝珠峰、长老峰。

粤柳（翔龙湖尾）

南国有一柳：粤柳

粤柳是丹霞山唯一的野生原生杨柳品种，也是唯一以广东省简称“粤”字来命名的柳树。

粤柳，杨柳科柳属，中国特有植物。作为丹霞湿地优势树种，粤柳是丹霞生态多样性的指示植物①。粤柳广泛地生长在丹霞山群峰之间的小块沟谷湿地。3月出芽开花，鹅黄的柳花，是沟谷最亮丽的风景。

粤柳最佳观赏地点为蝴蝶谷、翔龙湖尾、菜籽坝、金龟岩脚。

圆叶小石积

蔷薇家族的美女：圆叶小石积

圆叶小石积，是蔷薇科大家族中的一员，间断分布在中国广东丹霞山、菲律宾群岛等地，属狭窄分布种。

春天，圆叶小石积开白色的小花；初秋，果实

圆叶小石积（花）

---

①指示植物是指一定区域范围内能指示生长环境或某些环境条件的植物种群。指示植物与被指示对象之间在全部分布区内保持联系的称为普遍指示植物，只在分布区的一定地区内保持联系的则称为地方指示植物。

由绿转红，完全成熟时是红黑色，果肉有淡淡的饱含阳光的甜。圆叶小石积身高不过2米，属小灌木，在丹霞山常与紫薇、桃金娘、岗松等植物一起生长。

作为著名的盆景植物，圆叶小石积已经被众多园艺爱好者引种到许多地方。

自提花篮惹游人：紫薇

粉红粉白造化心，自提花篮惹游人。紫薇，喜阳，耐旱，千屈菜科紫薇属落叶灌木或小乔木，丹霞山常见多花植物之一。丹霞山的紫薇花期为7~9月，花朵形似花篮，皱缩花瓣6片。受立地条件限制，丹霞山的紫薇枝干造型优美，是天然的盆景植物。常与圆叶小石积、丹霞梧桐相邻共生，被誉为“丹霞山植物三剑客”。

桑科家族的帅哥：白桂木

有的东西在别的地方难得一见，在丹霞山却常见。大名鼎鼎的国家二级保护树种——白桂木就是其中一种。

白桂木，又名将军木，桑科常绿乔木。白桂木白色的球果如八月的桂子，紫红色的表皮似一件深色的铠甲，身材挺拔威武似将军，故名。

丹霞山特殊优质的土壤气候条件，让白桂木广泛地生长在丹霞山的各个山头。稍加留意，山上山下都可能与白桂木相遇。

丹霞山最著名的白桂木生长在阴元石洞，人们给该景观取名为“将军把门”。

在丹霞山能观赏到白桂木的地点有海螺峰、宝珠峰、阳元山、卧龙冈。

白桂木

寿星公：乌冈栎

乌冈栎是丹霞山最长寿树种之一。曾几何时，乌冈栎是十里八村的乡亲们烧制韶州炭的原料，经锦江—浈江水路运送到城乡各地去温暖人间。

乌冈栎，壳斗科栎属，木质坚硬，叶革质，耐瘠薄，耐干旱。乌冈栎广泛生长在各处山头，是丹霞山最常见的优势树种之一，也是丹霞山土生土长的“寿星公”。海螺峰雪岩东北侧悬崖边，可以看到多株四五百岁的乌冈栎。

相信随着丹霞山保护管理水平的提高，百龄乌冈栎将会与年俱增。

火柴棒棒：鸭脚木

鸭脚木，是丹霞山麓部常见的优势树种。因叶子宽似鸭掌，所以人们为其取了这个形象的名字。

鸭脚木为常绿灌木，木质松软，触火易燃，是生产火柴棒最常用的原料。鸭脚木的生长速度很快，一年能长高一米多。如今有了打火机，加上丹霞山一木一草都受到保护，鸭脚木也越发繁茂。

鸭脚木还是重要的蜜源植物。

南国蓝莓：乌饭树

乌饭树果实

丹霞山生长着一种特别好吃的野果——乌饭树，别名南烛，属越橘科。

乌饭树5月开花，花朵呈奶黄色，在夏雨中飘着淡淡的甜香。6月花谢结果，7、8月份果实长大，身披一层粉嫩的轻霜。11月，南国的金秋时节，成熟的果实挂满枝头，摘三五粒放在嘴里，仔细品味，甜在口里，蜜在心里，是一种人工栽培水果所不能有的绵香野气。乌饭树在风调雨顺的年份，结果多，浆汁多且甜；而在干旱少雨的年份，果实少，浆汁少且难以下咽。不仅如此，果实还有大小年之分，小年加上气候恶劣，还可能颗粒无收。

乌饭树的形状似东北的蓝莓，但个头小一些，堪称南国蓝莓。如果在深秋遇到，可以采摘一些尝尝，但请千万别弄伤了乌饭树的枝条，来年还要开花结果呢。

沟谷卫士：毛鳞省藤

毛鳞省藤，生长在丹霞山的沟谷。棕榈科，5月开花，花穗成串，花期长。霜降以后果实成熟，可以吃，味道涩后带点甜味，是林间小鸟的后备食物。

毛鳞省藤

爱你没商量：藤缠树与树缠树

丹霞山地处中亚热带向南亚热带过渡区，山间常见藤蔓与乔木交织的热带景象。“多情”的藤蔓经常与高大的乔木一同生长，历经数百年如此。起初，年轻体壮的乔木拉扯着藤蔓一道积极向上，树有多高，藤有多高。可斗转星移，高大挺拔的乔木生长变得缓慢，年复一年，旺盛的藤蔓逐步覆盖整个树冠，树木被藤蔓缠绕、覆盖，承天之露和光合作用的能力日益衰退，最后枯死与藤蔓一同倒地，完成一个生命周期。在山里不少乔木并非老死，而是被“缠死”的。

别传寺鸳鸯树

堪与“藤缠树”相比的是“树缠树”，植物学中称为“绞杀”现象，也就是人们常说的鸳鸯树。丹霞山最常见的是榕树对其他树种的缠杀。著名的如别传寺的一棵树龄300多年的百日青被一棵树龄100多年的笔管榕缠得“死去活来”，以至于被人们称为“树中鸳鸯”。

美丽的菌类

美丽的裙菌：竹荪

竹荪是寄生在枯竹根部的一种隐花菌类，形状略似网状干白蛇皮，它有深绿色的菌帽，雪白色的圆柱状的菌柄，粉红色的蛋形菌托，在菌柄顶端有一围细致洁白或金黄的网状裙从菌盖向下铺开，被人们称为“雪裙仙子”“菌中皇后”。

天然野生竹荪因为“秀色可餐”，一旦出露就会成为昆虫的食物，采集人难以相遇，因此是极为珍贵的食用菌。在丹霞山上人们常可发现野生的竹荪。

竹荪

最好别碰我：真菌

真菌是地球生物的大家族。丹霞山的真菌种类数以百计，一年四季都有，形态各异，色彩各异。有的艳丽，有的古怪，有的黯然，有的光鲜，各有各的精彩。有的长在树上，有的长在泥土。有的是餐桌上的美味，有的是无药可解的毒蘑菇。

真菌组图

花花与草草

有种花名：过路黄

过路黄

过路黄，属报春花目，报春花科多年生草本植物。过路黄生长在丹霞山沟谷的沼泽地。每年5月中下旬是过路黄的盛花期，漫山遍野一片纯净的黄花，赏心悦目。此时非旅游旺季，游客不多，可以慢慢地停下来，好生观赏。

过路黄最佳观赏地点在蝴蝶谷、晒布崖与通泰桥之间的沼泽地。

兰科贵族：石斛兰与石仙桃

石斛兰，国家二级保护植物，是丹霞山30多种兰科植物当中的珍稀品种。野生石斛兰滋阴养胃肠，自古有“民间仙草”之称。野生石斛兰多生长在绝壁悬崖之上，生长不易，采集亦难。每年5、6月份是石斛兰的盛花期，金黄色的小花自斛茎节间萌生，灿然可爱。

由于民间长期过度采挖，曾经广布的石斛兰已经难得一见。值得欣喜的是，丹霞山人工栽培石斛兰成功并已经批量上市。

石仙桃与石斛兰一样，也是难得的中药材。

花叶不相见：忽地笑与石蒜

忽地笑，也叫黄花石蒜，石蒜科石蒜属多年生草本植物，性喜阳光，耐半阴，稍耐旱。鳞茎为椭圆形，株高50～60厘米。叶片呈线形。先叶后花，花茎直立，每一株都有花5～10朵，花径长5～7厘米，鲜黄色，花瓣反卷，雌、雄蕊外露。

仲夏时节，忽地笑花茎似忽然之间拔地而起，黄花绽放给人以愉悦和惊喜。忽地笑全株有剧毒，宜观赏，不可采摘。不过忽地笑为外用的传统良药，鳞茎有消肿去毒的功效，适合治疗被毒蛇咬伤以及风湿性关节炎等症状。

黄花石蒜

石蒜又名红花石蒜，多年生草本植物。石蒜叶色深绿，发于秋初，落于夏末。花期夏末秋初，通常4~6朵排成伞形，着生在花茎顶端，花瓣倒披针形，花被红色、白色。

红花石蒜

石蒜长叶时不见花开，开花时不见叶片，人们用“花叶不相见”来形容这种神奇的植物。

忽地笑和石蒜散生丹霞山各处，以韭菜寨最为集中。

四月的花蝴蝶：金丝桃

金丝桃，藤黄科金丝桃属的半常绿小灌木，小枝纤细且多分枝。

金丝桃喜温暖湿润气候，喜光，稍耐阴，较耐寒，常野生于湿润溪边或半阴的山坡下。丹霞山的金丝桃常见3~7朵集合成聚伞花序着生在枝顶。一朵花有5片金黄的花瓣，花蕊为100多根灿若金丝的花丝，在阳光下十分引人注目。

金丝桃

从4月中旬开始到5月中旬，在丹霞山的山冈、路边，只要稍加留意，就可以观赏到可爱的金丝桃。

止血良药：金毛狗蕨

金毛狗蕨，俗名金狗头。蕨类家族蚌壳蕨科金毛狗属的核心成员，被誉为植物活化石。因金毛狗蕨的根茎部分形似全身密被金色毛发的黄狗头，故名。金毛狗蕨体表的黄毛是外科刀创的止血良药，是山里人家从前常备的草药。丹霞山和粤北山区较常见。

盛开的黄花：萱草

萱草又名黄花菜，百合科多年生宿根草本。萱草是丹霞山崖壁最常见的植物之一。每年7~9月，是萱草的盛花期。抬头即见的恣意生长的萱草，在盛夏装点了“热情”的丹霞山。

萱草（黄花菜）

别碰我：羊角拗与海芋

羊角拗为夹竹桃科羊角拗属，木质藤本植物。丹霞山常见的有毒植物之一。因果实一对叉生，形如羊角，因而得名。长于山坡或路旁灌木丛中。它枝条长而疏散，具汁液，枝具灰白色皮孔。叶对生，椭圆形，叶面叶底平滑无毛。夏季开花，花瓣幼长，黄绿色。全株有剧毒，误服可致命。在野外发现它时，亦不用过分担心，只要不吞服或接触它的汁液便可。

海芋是天南星科海芋属的植物，多年生草本。海芋是丹霞山常见的有毒观赏植物，叶阔大如伞，球茎和叶可以作为药用，但其叶汁入口会导致人中毒。

羊角拗种子

花红似火：赪桐

赪桐是马鞭草科家族中的“红艳美女”。赪桐叶姿大方优雅、花束热烈似火，每年7月开花。赪桐在丹霞山的分布数量稀少。

赪桐常见于朝阳岩。

人类的朋友

丹霞山特殊的地质地貌不仅孕育了丰富多姿的植物，同时养育了各种各样的动物。哺乳动物包括野猪、松鼠、蝙蝠和曾经活跃的猕猴等。岩鹰和各种飞禽装点了天空。蜻、蝶、蛾、蝉、蚁、蜂、蛇让山林充满生机。鱼虾、龟鳖和蛙类、贝壳类活跃了水体。动物是人类最亲密的朋友，它们共同演绎了一个个美丽的丹霞故事。

丹霞优越的生态系统孕育了种类丰富的动物群落。据不完全统计，丹霞山区有昆虫1023种，鱼类100种（含亚种），两栖动物23种，爬行动物49种，鸟类161种，哺乳动物88种。

哺乳动物与鸟类

曾经的山林：猕猴

猕猴，国家二级保护野生动物。丹霞山曾经是猕猴的乐园，当年别传寺设有饲猴槽，僧人将吃剩的饭菜，放在该处喂养猕猴。惜因人为破坏，20世纪70年代之后，丹霞山就没有野生猕猴的踪迹了。

与猕猴命运相似的还有野生的石羊和山牛（水鹿）。

山林霸主：野猪

野猪，又名山猪。偶蹄目猪科猪属动物。

山中无老虎，“野猪”称霸王。丹霞山的老虎和猴群20世纪70年代退出山林之后，野猪就成为了丹霞山较常见的大型哺乳动物之一。野猪的个体最大可达200千克以上，常“结队”出没山林田野。在丹霞山的无人区，常见野猪刨啃树根留下的痕迹，或粗犷结实的野猪窝。

野猪窝（破军寨）

野猪凶猛，但每年仍有不法分子在山里安置铁夹子捕猎野猪，铁夹有时还会伤害到人类。因此，除了林业管理部门要加强巡逻保护，普通民众也要增强保护动物的法治意识。

可爱的精灵：松鼠

松鼠与构树

丹霞山的气候和生物多样性非常适合松鼠生长。高大的松树，饱满的松果，多种多样的不同季节的野果，为松鼠的生存提供了保障。

丹霞山的松鼠科动物有6种，常见的是隐纹花松鼠、红颊长吻松鼠等，难得一见的是棕鼯鼠。

森林卫士：穿山甲

穿山甲，国家二级保护动物，全身有鳞甲，四肢粗短，尾扁平而长，背面略隆起。

森林主要病虫中的白蚁是穿山甲的主要食物。穿山甲常匿居洞中，生性胆小。在野外，人们用树枝在穿山甲身上戳一下，它便蜷缩为一团。

穿山甲生活习性特殊，无法进行人工繁殖。又因为有人迷信穿山甲的药用价值，使野生穿山甲一再被抓捕。华南地区的穿山甲种群几乎绝灭，森林里的病虫害较20年前大为增加。

广东省鸟：白鹇

白鹇，属雉类，国家二级保护动物。雄鸟整体呈白色，雌鸟麻灰色。白鹇繁殖群中一般只有少数几只雄鸟，多数为雌鸟和幼鸟，一般三五成群，大群数十只上百只。白鹇白天在林内行走、觅食、嬉戏，万不得已时才起飞避敌。夜晚在10米以上的高树上过夜，由于它们腹部是黑色的，从地面很难发现。

白鹇以其在广东的亚种多、分布广、外形漂亮和为本省群众熟悉等特点，被誉为广东省鸟。

白鹇自古就是名贵的观赏鸟，唐代诗人李白曾写下“请以双白璧，买君双白鹇。白鹇白如锦，白雪耻容颜”的名句。清朝文官的官服上，五品官的图样便是白鹇。

多年来，白鹇一直被不法分子以绳索、夹子等非法行径猎捕，导致数量种群有所减少。

在丹霞山翔龙湖、卧龙冈、宝珠峰一带早晚常见到白鹇的身影。

白鹇（曾明 摄）

鹰隼试翼：黑鸢

黑鸢，是鹰科鸢属，是国家二级保护野生动物。

黑鸢和黑耳鸢、黑冠鹃隼、黑翅鸢、蛇雕等是丹霞山最常见的猛禽。洞穴累累的丹崖，生态完整的丹山，为鹰隼的生存提供了优越的空间。

丹霞山是中国南方单位面积鹰隼数量最多的山林。细心的游客在游览过程中往往能够看到鹰筑在无人可及的绝壁之上的巢穴。在游览的过程中还能看到盘旋高飞或贴锦江水面翱翔的雄鹰。

理想的观赏时间，是雨过天晴、气流上升时，鹰隼在高空盘旋聚集，最多时一群有数十只之多。

当然，鹰隼单独觅食，俯冲到江面捕捉鱼类或在山间捕捉虫蛇的瞬间，也是十分精彩的。最为难得一见的是，一群江鸭在主人的驱赶下正在横渡浈江，鹰隼在天空低回盘旋，整个鸭群受惊，几乎贴着江面飞行的场面！

作为食物链的顶尖者，鹰隼的生存是生态环境的晴雨表。愿天空湛蓝，生态持续向好！

最佳的观赏地点为舵石、韶音台、阳元山、锦江两岸。

爬行与两栖动物

一龟难求：金钱龟

曾经广布丹霞山林的金钱龟，学名三线闭壳龟，是国家二级保护野生动物。金龟岩、金龟朝圣等丹霞山著名景点都是以金钱龟的形象命名的。

丹霞山清澈的溪流和广布溪涧的小沙滩，为金钱龟的繁育提供了十分优良的场所。金钱龟是丹霞山水里最富灵性的生命，它们往往能够预测一年中的最大洪水位和一天的阴晴。曾经广布的金钱龟，因人为的捕捉，如今到了几乎绝迹的地步。

据青湖塘村民介绍，在20世纪70年代，顺着丹霞山腹地黄沙坑溪流前行，随手能抓到半麻袋石蛙、捡到十几只金钱龟。但后来到访丹霞山的游客和食客与年俱增，金钱龟在市场上极为畅销，甚至叫价上万……金钱龟遭到滥捕乱杀。进入21世纪，野生金钱龟已经濒临灭绝。

大山的精灵：红脖颈槽蛇

红脖颈槽蛇

红脖颈槽蛇为游蛇科颈槽蛇属的爬行动物，因为脖子生长一条美丽的如红领巾般的花斑纹，故名。红脖颈槽蛇是丹霞山最常见的蛇类之一，脖子上的红绸带，算是对赤壁丹崖的一种本能的最直接的回应。

红脖颈槽蛇，毒性小，胆子也小，天敌是各种鹰类。这种蛇视力不好，从不主动伤害人类。惊蛰之际，乍暖还寒时节，红脖颈槽蛇贪图春日暖阳从蛰伏的洞穴出来晒太阳的时刻，是它们最危险的时候。如果游客在野外游览过程中遇见了，千万不要惊慌，静静地拍个照，然后慢慢地走开。

丹霞山已经发现蛇类33种，常见的是无毒的赤练蛇、低毒的红脖颈槽蛇和有毒的眼镜蛇、竹叶青。

鱼类与昆虫

曾经的美味：斑鳠

斑鳠，鲿科鳠属，珠江流域名贵珍稀鱼类，尚未实现人工繁殖。腹背有梅花斑点。一般常见个体为1~2千克，大者5~10千克，最大可达12千克。栖息于河流底层，以小型水生动物为食。每年4~6月繁殖。

斑鳠肉质细腻，味道鲜美，现数量稀少。韶关境内已经设立北江斑鳠自然保护区。水域里与斑鳠同样珍贵的鱼类还有小刺鳅。为了一个种群的繁衍，建议禁止捕食。

守窝待食：蚁狮

蚁狮，一种微型肉食动物。脉翅目蚁蛉科昆虫，俗称沙猴、沙窝。成虫与幼虫皆以其他昆虫为食。

蚁狮幼虫广泛生活在各大小崖麓部干燥的沙土层，沙土漏斗状陷阱便是它们的窝。蚂蚁或小虫不慎落入陷阱，即被其捕食。成虫形似蜻蜓而小，体长约25毫米。

蚁狮

美丽的甲虫：象甲

象甲，鞘翅目象甲科。象甲身长12毫米左右，头颈部位5~6毫米，占体长的一半，似大笨象鼻子，所以动物学家形象地称其为象甲。象甲有两头触角，6条趾部长了利齿的秀腿，身披黄铜色的铠甲，1对腿后跨，2对腿踞前，蹲坐着，经常仰着头，威武神奇。

象甲善飞行，展开美丽的金色翅膀，从一片树叶飞到另一片树叶。青菜里的蚜虫是象甲最爱的食物。象甲是一种益虫。

虚心所以嘹亮：知了

蝉是昆虫纲半翅目颈喙亚目的其中一科，俗称知了。

“地下三年，地上三天。”蝉的幼虫生活在土中，有一对强壮的开掘前足，利用刺吸式口器刺吸植物根部汁液。然后在一个漆黑炎热或风雨来临的夜晚，幼虫钻出地面，缘树干向上爬行一米左右，

蝉蜕

在天亮之前，金蝉脱壳，羽化成蝉。迎着第一缕晨曦，蝉开始了愉快地不知疲倦地鸣唱，每天餐风饮露，以最大的热情讴歌美丽的丹霞山。秋天来临，蝉转入地下，开始又一个轮回。

蝉蜕还是一味很好的中药。

蜻蜓

蜻蜓飞过：蜻与蜓

蜻蜓，无脊椎动物。节肢动物门昆虫纲有翅亚纲蜻蜓目差翅亚目，分蜻科和蜓科。蜻蜓是一种益虫。

翩翩起舞：蜂、蛾、蝶

丹霞山广泛分布的山间湿地为昆虫的生长提供了得天独厚的条件。蝴蝶是其中最引人注目的种类。蝴蝶全年均有生长，而以夏、秋最常见。翔龙湖尾、锦江边、阳元山湿地也是经常遇见蝴蝶的地方。

美丽的燕尾凤蝶、宽尾凤蝶、麝凤蝶，拟态的枯叶蛱蝶，不一而足。常与蝴蝶一同翩翩起舞的还有黄蜂、豆娘、蚕蛾、蜻蜓。山蜂一般不会主动攻击人类。

蜂

大蚕蛾（巴塞）

蝶

从远古走来

丹霞山是一座引人入胜的科学名山，同时是一座令人流连忘返的文化名山。

12.9万年前马坝人就在包括丹霞山区在内的南粤大地生息繁衍，舜帝、张九龄、韩愈、苏轼等与岭南文明和文化有重要关系的人物都曾经活跃于丹霞群山之间。

以韶石为代表的丹霞群山，在南北朝时期已经成为岭南名胜。历代文人墨客、仕宦达官、僧侣道士、普罗大众吟咏丹霞山的诗文数以千计。遍布全山的古山寨、古寺庙、古摩崖石刻，神秘的锦江岩画和70多个客家村落，从不同方面讲述了丹霞山丰厚的历史。

古老的传说

马坝人像

猿人的记忆：马坝人

12.9万年前，马坝人就在包括丹霞山区在内的南粤大地生息繁衍。1958年，闻名中外的“马坝人”头骨化石在韶关市曲江马坝狮子岩被发现。“马坝人”为12.9万年前旧石器时代的古人类，介于古猿和现代人之间。马坝人头骨化石的出土，填补了中国华南人类进化系统上的空白。

青铜时代：鲶鱼转遗址

鲶鱼转属长坝组丹霞地貌，是浈江最优美的河段之一。鲶鱼转遗址位于浈江右岸，灵溪水入口处对岸鲶鱼转山上。遗址面积约2万平方米。1959年发现，1960年发掘，属广东新石器时代（商周青铜时代）晚期遗址，距今3 000年左右。

发现的建筑遗存包括房基、窖穴、灶坑和小洞穴等。出土石器有斧、锛、戈、矛、镞、磨盘、纺轮等。陶器有罐、缶、豆、盘等。纹饰有绳纹、篮纹、曲尺纹、方格纹、漩涡纹等。

1962年，被列为广东省文物保护单位。

女娲五色石：女娲补天的传说

“女娲五色石，虞舜千年山。”远古时期，相传女娲在丹霞山一带采五色石以缀补苍天。据说现在的睡美人（一名石母，又名地母岭、玉女山）就是女娲的化身；而山下的河流因产五彩锦石，汉代已被称为锦水。

女娲石（刘加青 摄）

韶关得名话由来：舜帝南巡命韶石

相传四千多年前，中国古代三皇五帝中的舜帝，曾南巡到达丹霞群山之间，奏韶乐，命韶石。因此丹霞山有了第一个名字：韶石。从这个意义上说，丹霞山还是一座被中国古代皇帝巡幸并因此得名的中华名山。

作为舜韶文化的重要承载地，丹霞山古称“韶石”，是韶州、韶关得名的来由。韶关境内与“韶”相关的地名有闻韶、韶州、皇冈山、九成台、虞帝祠、熏风路等。仁化县闻韶镇一带至今生长成片的野生斑竹林。

延伸阅读

《尚书·益稷》：“箫韶九成，凤凰来仪。击石拊石，百兽率舞。”《论语·述而》：“子在齐闻《韶》，三月不知肉味。”

唐《元和郡县志》：“隋开皇九年平陈，改东衡州为韶州，取州北韶石为名。”

北宋《太平寰宇记》：“韶州科斗劳水间有韶石，永和二年，有飞仙衣冠分游二石上。昔舜游，登此石奏韶乐，因名。”

羊城的来历：五羊石

五羊石，又名五马归槽、五马寨，位于浈江左岸。五羊石自北而南依次是马头寨、丝茅寨、鼻公寨、绵寨、东山寨。“头马”俗称大寨，高居五马之首，海拔352米，从临江一侧可登；“二马”又名河唇寨；三马、四马相连，自绵寨一侧可登；“五马”称东山寨。传说五羊仙石本要前往广州守城，谁知刚跨过浈江，即经人点化为五块巨石。

广州有关于五羊衔稻穗降临广州的传说。然五羊的来历何在？很有可能就是丹霞山的五羊石。

其一，五羊石地处岭南，是丹霞山唯一一组位于浈江左岸的岩石。韶关是中原通往广州最便捷的通道，浈水是古代水路必经之路。五羊石作为五羊的来历是可能的。

其二，《水经注》关于韶石的记载中有“昔有二仙，分而憩之，自尔年丰，弥历一纪”与五羊传说的五仙骑五羊衔稻穗降临有异曲同工之妙。

其三，五羊石附近浈江左岸一级支流名古洋水，附近村落名古洋村（一作古羊村）。古、五，一音之转。

其四，明清地方文献、舆图记载的地名都是五羊石、古羊村、古羊水。地名作为文化的记忆，从一个侧面说明了五羊的历史久远。

尽善尽美：韶石三十六石

《韶石三十六石图》为明清时人绘制。包括五羊石、狮子石、双阙石等。因图画过于简略，古今已经难于一一对应。

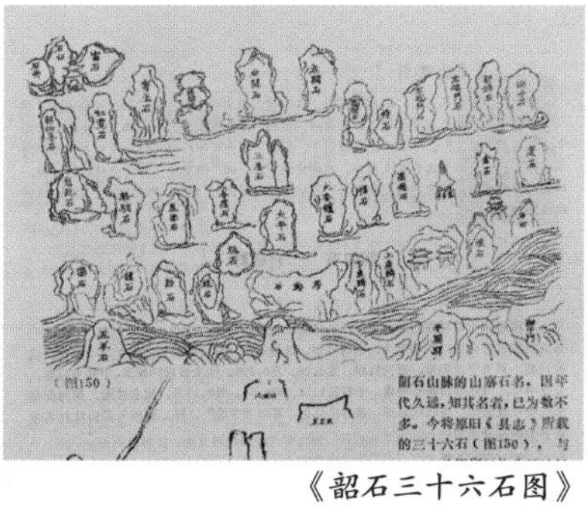
《韶石三十六石图》

枯藤老树昏鸦：上京古道

上京古道是古代岭南与中原沟通最便捷的陆路通道之一，全长约40千米。

古道南起韶关市区，越白虎坳、貂蝉岭（今名鸡公山），进入今天的丹霞山区域，经黄竹、矮寨、芙芷坝，涉锦江，东北向经番鬼佬村、田螺埂、金龙山、金龟岩、穿窿岩、打锣寨、李壶岩、双阙石，至周田麻坑建封寺（又名灵树寺）浈江建封渡口（今周田浈江大桥南侧）。

古人选择此路上京，一方面因为距离相对最近，另一方面因为沿途需要跨越的较大河流只有锦江。韶石腹地至今仍见红砂岩条石砌路若干，黄竹红砂岩石拱桥保存完好。

韶州炭窑（大瑶山）

温暖的记忆：韶州炭

韶州炭是岭南最好的木炭。因木质坚硬致密，又称响炭。古时人们冬天取暖、日常炊事用的能源主要是木炭。烧木炭的原木料多种多样，举凡栎、椆、壳斗科植物都可以烧炭。

丹霞山老山门

韶州炭的最佳产地是丹霞山。丹霞山的乌冈栎、白椆、黄椆、檵木等杂木都是烧炭的上等木料。从前，山里人家冬闲时常进山烧炭，如今成百上千的废弃炭窑遍布全山，可想见当年伐薪烧炭的盛况。

见证几多爱情故事：老山门

老山门即长老峰山门，位于长老峰山脚，是当年前往长老峰的唯一通道。门楣上“丹霞山”三个大字为习仲勋题写。两侧照壁上有佛山陶瓷工人手绘烧制的、略显斑驳的丹霞山风光瓷画。从1984年建成老山门开始，许多年轻人都在丹霞山盟订终身。

常年免费开放：丹霞山博物馆

丹霞山博物馆，位于瑶塘村。2009年建成对外开放。内设地球科学厅、地质地貌厅、生物多样性厅、文化厅、多媒体厅、物理沙盘模型等。博物馆全年免费对游客开放，是游人在最短时间了解丹霞山和丹霞地貌的最佳选择。

历代文人的吟咏

双阙倚天秀：《水经注》与韶石

关于丹霞山的确切文字记载是从《水经注》开始的。1500多年前的北魏郦道元写作《水经注》，首次用科学的语言对丹霞山水作了精彩的描述；同时说明至迟在南北朝时期，丹霞山区已成为岭南名胜。

在周田丹霞山火车站可看到韶石景区的标志性景观“双阙倚天”

延伸阅读

《水经注·溱水》：“南流迳韶石下，其高百仞，广圆五里，两石对峙，相去一里，小大略均，似双阙，名曰韶石。古老言，昔有二仙，分而憩之，自尔年丰，弥历一纪。利水又南迳灵石下，灵石一名逃石，高三十丈，广圆五百丈。”

谁能知此音：张九龄

写下“海上生明月，天涯共此时”的首位岭南宰相张九龄[①]是韶关人。

张九龄以《感遇》二首为《唐诗三百首》开篇，以一轮“海上生明月”照亮了整个盛唐诗坛。正所谓“自从‘海上生明月’，天下不敢小岭南”。

其“溪流清且深，松石复阴临”“层崖夹洞浦，轻舸泛澄漪”“自匪

①张九龄（678—740），字子寿，一名博物，韶州曲江（今广东韶关）人。唐代名相，诗人。著有《曲江集》。

尝行迈，谁能知此音”等诗句对家乡的丹霞山水作了深情的吟咏。

在岭南踏寻唐诗的足迹，丹霞山是必到之处。

曲江山水闻来久：韩愈、元稹与胡曾

唐代文学家韩愈[①]一生三次到访韶关。唐大历十二年（777年），韩愈兄长韩会（738—780）被贬韶州，年仅十岁的韩愈也跟随兄长南迁到韶州。后来韩愈在宦海浮沉二十多年，曾先后两次贬谪岭南，往返北归，在韶关留下了许多诗文、足迹。

韩愈为丹霞山写了两首诗《将至韶州先寄张端公使君借图经》《从潮州量移袁州，张韶州端公以诗相贺，因酬之》。其中的“曲江山水闻来久”“暂欲系船韶石下”被后人视为名句。

稍后的元稹[②]《送崔侍御之岭南二十韵》中有“飓风狂浩浩，韶石峻崭崭”的诗句。

晚唐的胡曾《自岭下泛鹢到清远峡作》，有名句“薜荔雨余山自黛，蒹葭烟尽岛如蓝”和“绝境方知在岭南”。

韶山南国镇：余靖

北宋名臣余靖是韶州曲江（今广东韶关）人。余靖年轻时曾在丹霞山书堂岩一带读书，他深情满怀地创作了众多吟咏丹霞山的诗文。《游韶石》为五言排律，全诗28联280字，是吟咏丹霞山水的长篇；《韶亭记》第一次从地貌的角度对丹霞山的风光进行了描绘。

---

①韩愈（768—824），字退之，河南河阳（今河南省孟州市）人，世称“韩昌黎”“昌黎先生”。唐代杰出的文学家、思想家、哲学家、政治家，“唐宋八大家”之首。著有《昌黎先生集》。

②元稹（779—831），字微之，河南（今河南洛阳）人，唐代著名诗人。世人将他与白居易，并称为“元白”。著有《元氏长庆集》。

延伸阅读

《韶亭记》（节选）

余靖

“亭就，则兹山具美，纤芥无隐。屹者如阙，圜者如庾，平者如台，呀者如谷，向者如门，背者如逃。人立鸟跻，霞明雾暗，碧玉千仞，青螺万叠。殊形诡制，纷不可名；驱鬼役物，巧不能备。信尘外之绝区也。”

此方定是神仙宅：苏轼、王安石、向子諲

北宋著名文学家、书法家、画家苏轼（1037—1101），谪岭南时路过韶州，借宿丹霞山建封寺，留下了“此方定是神仙宅”等诗句。

以韶石为代表的“曲江山水”是南来士大夫的必游之地。王安石①赞美“楼台飞半空，秀气盘韶石”，向子諲②则吟颂“松上清风石上泉”。

经过宋代文人的吟咏，以韶石为代表的丹霞山水已经成为岭南山水的代表，同时也是韶关人文精神的重要组成部分。

江上数峰是谁子：杨万里

南宋文学家杨万里③曾经路过韶石，登临望韶亭，饱览了韶石风光，留下长达40句的七言排律《题望韶亭》。美丽的山石，如同美妙的韶乐；鬼斧神工的丹霞，只能是上天的杰作。

---

①王安石（1021—1086），字介甫，临川（今江西抚州市临川区）人。北宋著名的思想家、政治家、文学家。著有《临川集》。

②向子諲（1085—1152），字伯恭，号芗林居士，临江（今江西清江县）人。北宋文学家。前期风格绮丽，南渡后多伤时忧国之作。著有《酒边词》二卷。

③杨万里（1127—1206），字廷秀，号诚斋。南宋杰出诗人，与尤袤、范成大、陆游合称南宋“中兴四大诗人”“南宋四大家”。

“丹霞”的来历：曹丕与伦以谅

“颜如渥丹，其君也哉。”《诗经·秦风·终南》对颜面的描写，同样适用于描述丹霞山红色砂砾岩。

丹，本义是指地平线上的太阳，红日初升，日影将逝，天地含丹。霞是指致雨的彩云。“丹霞”一词最早见于曹丕、曹植兄弟的诗文。“丹霞蔽日，采虹垂天”“丹霞蔽日行”“丹霞夹明月，华星出云间”等句中的“丹霞”，指的是彩色的霞光。

“丹霞”最早被用来描写丹霞山，是在明嘉靖年间广东通政参议伦以谅的《锦石岩》诗中。

遗失的日记：徐霞客

明崇祯元年（1628年），徐霞客①自粤东而来，访问了罗浮山，随后一路北上，拜谒曹溪南华寺六祖惠能，循浈水上游，历韶石，经雄州，逾梅岭北归。只可惜，徐霞客这一段日记在流传过程中丢失了。

明末清初钱谦益②《徐霞客传》：“登罗浮，谒曹溪，归而追及石斋于云阳。”可证。

丹霞山主：李永茂、李充茂兄弟

“孤留一柱撑天地，俯视群山尽子孙。”河南邓州籍明末遗臣、虔州巡抚李永茂及其弟李充茂，是广东仁化丹霞山的开山之祖。

明朝末年，李永茂和李充茂兄弟买下丹霞山。明永历二年（1648年）李永茂病逝，李充茂承兄长遗志经营丹霞山。

---

①徐霞客（1587—1641），名弘祖，号霞客，江阴（今江苏江阴市）人。明地理学家、旅行家和文学家。

②钱谦益（1582—1664），字受之，号牧斋，晚号蒙叟，东涧老人。学者称虞山先生。清初诗坛的盟主之一。《徐霞客传》是钱谦益为徐霞客写的一篇传记，叙述了其生平，并对徐霞客的价值与成就给予肯定。

后李充茂到广州海幢寺削发为僧，法名今地。清顺治十八年（1661年），舍山建别传寺。后归隐丹霞山的篻竹岩，居丹霞数载，沐浴示寂。李氏兄弟塔葬于篻竹岩坡麓。李充茂《丹霞山记》详细记述了丹霞山的开山过程。

李永茂隐居处

《丹霞山记》摩崖

好山自喜迎佳客：天然函昰、今释澹归师徒

天然和尚①是别传寺开法祖师，澹归和尚②是别传寺的开山祖师，这两位高僧对开发丹霞山做出了不可磨灭的贡献。

韶石与丹霞山争雄：屈大均

明末清初著名学者屈大均③的《广东新语》对“韶石”和“丹霞山”作了仔细的描述，可以作为后来人了解丹霞山的重要史料。

延伸阅读

《广东新语·石语·韶石》（节录）：“然尤以韶石为大宗。韶石在韶州北四十里，双峰对峙若天阙，相去里许，粤人常表为北门。旁有三十六石环之，一一瑰谲无端，互肖物象，各为本末，不相属联。……大抵韶之山多奇，而韶石为最，若双阙又韶石之最。……粤之石，韶石最名。”

---

①天然（1608—1685），法名函昰，字丽中，自号丹霞老人，又号瞎堂。著有《瞎堂诗集》。

②澹归（1614—1680），法名今释，别号甘蔗生，又号舵石翁。

③屈大均（1630—1696），广东番禺人。明末清初著名学者、诗人，与陈恭尹、梁佩兰并称“岭南三大家”，有“广东徐霞客”的美称。

延伸阅读

《广东新语·山语·丹霞山》（节录）："丹霞山，从别传寺右折为锦石岩，岩中多石花，如千瓣芙蕖，大小黄白红绿不一，倒生石腹，朵朵可以攀摘，盖钟乳之所为。左折至海螺岩绝壁下，其悬崖相倚，下如层城，上如列屏……其下临大江，明砂绣发，清澜镜莹，外则远近峰峦，争奇竞峭，多上丰而下削，状若倒生苞笋，盖山水之绝怪处也。"

斗绝各雄长：王士祯

清初杰出诗人王士祯①经过韶关丹霞山，曾写下如《韶石》《舜祠翠华亭》《将抵曲江》《平圃张文献公故居》《张文献公祠》等诗词。

数遍峰峦怀未已：廖燕

清初文学家廖燕②的《二十七松堂集》中记述丹霞山的诗文有《游丹霞山记》《掛榜山铭》《与澹归和尚书》《韶石攒奇》《宿丹霞》等20篇。《游丹霞山记》以纪实的手法勾勒了一幅完整的丹霞山水图。

惝恍不可思议：袁枚

清乾隆四十九年（1784年），诗人袁枚③游历了丹霞山，并作《游

---

①王士祯（1634—1711），原名士禛，字子真、贻上，号阮亭，又号渔洋山人，山东人。博学好古，能鉴别书画、鼎彝之属，精金石篆刻。诗为一代宗匠，与朱彝尊并称。著有《带经堂集》。

②廖燕（1644—1705），初名燕生，字柴舟，曲江（今广东韶关市）人。清初文学家、思想家。一介布衣，一生潦倒。以论、记独步文坛，被日本学者称为"明清八大家"之一。著有《二十七松堂集》。

③袁枚（1716—1797），字子才，号简斋，晚又号随园老人。钱塘（今浙江杭州）人。清代诗人、散文家。著有《小仓山房诗文集》《随园诗话》等。

丹霞记》，对丹霞地貌造就的奇幻境界作了生动的描述。

戎马护法：李汉魂

李汉魂（1894—1987），广东吴川人。1934年，担任广东西北区绥靖委员，驻军韶关。李汉魂游览丹霞山时，见丹霞山别传寺内外荒芜，遂发起募捐修葺别传寺，建造丹霞精舍，将海山门改筑为丹霞洞，并亲笔题写了“别传禅寺”匾额，撰文《重修丹霞山记》记载了当时的情景。

万古丹霞冠岭南：赵朴初

赵朴初题字

1986年赵朴初[1]到访丹霞山别传禅寺和锦石岩寺，与别传寺方丈本焕老和尚[2]彻夜长谈。锦水丹山让他诗心大发，他赋诗三首，表达了对丹霞山的尊崇之情。

寺观共和谐

丹霞山区域道佛并存，据不完全统计，历代寺庙遗址有20多处。现存寺庙主要有锦石岩寺、别传禅寺、仙居岩道观、灵树寺等。历史上有名的寺庙有狮子岩庙、金龟岩庙、穿窿岩庙、太阳岩庙、朝阳岩寺、洪岩寺、金龙山寺、西竺岩寺、燕岩寺等。

---

①赵朴初（1907—2000），安徽太湖县人。著名社会活动家、佛教人士、书法家、诗人、作家。

②释本焕（1907—2012），法名心虔。得虚云禅师传法印可为南禅临济宗临济法派第44代传人。1980年，本焕长老出任丹霞山别传寺方丈。

云门宗祖庭：灵树寺

灵树寺，又名建封寺。位于周田浈江右岸，始建于唐末。南汉时期知圣如敏禅师和禅宗“一花五叶”之云门宗开山祖师文偃禅师（864—949）先后住持灵树寺。

寺前为古建封渡口遗址，寺后山冈有尽善亭遗址，对岸朝山形似一尊仰天卧佛。灵树寺现正由别传禅寺主持重建。

灵树寺千年古枫

灵树寺内现存千年枫香一株，树高20余米，干径5人合围，冠幅500平方米，为丹霞山第一古树名木，见证了灵树寺和浈江水运的千年沧桑。

宋代文学家苏轼、杨万里等曾入住古寺并赋《宿建封寺晓登尽善亭望韶石》《题望韶亭》等诗。

锦石岩寺山门

人间有净土：锦石岩寺

锦石岩寺，又名锦岩寺，是依托锦石岩天然大型洞穴群，随山就势兴建的一座岩寺，寺内地质珍迹与摩崖石刻交相辉映。

锦岩寺在唐末已有僧人居住。北宋崇宁年间（1102—1106），法云居士自山麓攀援而上，见锦石岩竟然集雄奇秀美于一身，可以养静，叹曰：“半生在梦里过了，今日始觉清虚！”于是，聚集百余人到锦石岩建庵，对锦石岩一带进行了较大规模的修建。明代清行、净寿与方来等高僧相继在锦岩修行。1957年，见成、昌慈两位尼师到此清修，锦石岩寺成为尼众清修福地。

锦石岩的胜迹还包括安定门、梦觉关、百丈峡、普同塔、喷玉泉、龙王岩等。

龙王岩如今是大雄宝殿，内塑十八罗汉像；伏虎岩为观音殿，奉观音菩萨及其三十二应身像，洞口设弥勒殿；祖师岩为七佛殿；千圣岩是斋堂及仓库。寺内范围有北宋以来的“锦岩”摩崖碑刻群70多处。

2015年，在锦江右岸锦园宾馆原址改扩建的锦石岩寺下院建成。关于锦石岩寺的更多内容可参阅当代的《锦石岩寺志》。

丛林尚有典型存：别传禅寺

别传禅寺是禅宗寺院。清顺治十八年（1661年）由李充茂捐山建寺。康熙元年（1662年）由澹归和尚诛茅建寺，五年寺成，取“不立文字，教外别传”之意，命名为别传禅寺。澹归延请其师天然禅师为别传寺首任住持。

别传禅寺山门

禅寺与丹霞辉映，寺庙一经建成，即为当朝所重，僧俗信众、文武官员纷至，一时成为岭南佛门重地，与南华寺、云门寺鼎足，为粤北三大丛林之一。

现寺为1980年本焕和尚主持重建。现有寺门、天王殿、钟楼、鼓楼、大雄宝殿、禅堂、斋堂、紫玉台、千佛塔等建筑。寺内外摩崖、木刻书法等文化遗存丰富。

道法自然：仙居岩道观

仙居岩道观

仙居岩道观依蕉冲岩兴建，传为张天师降龙伏虎之地。宫观建于悬崖之间，被誉为丹霞“悬空寺”。岩洞幽深，泉池美妙。其上为丹霞山著名山块之一的破军寨，据说因山体形似一位大将军得名。观内泉池皆自山顶汇聚。自翔龙湖沿湖游步道可达。

雄狮高卧：狮子岩庙遗址

狮子岩

狮子岩、混元洞、青云岩一带是丹霞山重要的地质遗迹，泥裂充填、白斑、水平洞穴、巨厚砂岩发育充分。相传，秦汉时期就有道元真人在混元洞、狮子岩一带修行。明清时香火鼎盛，民国后废弃。现留神案、房屋、井泉等遗址。

去日不来人已老：朝阳岩寺遗址

憨山“去日不来”对联

朝阳岩寺遗址位于丹霞山舵石之下。明末高僧憨山大师（1546—1623）曾驻锡于此，并手书“去日不来人已老，良田易种食难消”于岩柱。憨山法名德清，字澄印，俗姓蔡，今安徽全椒人，与莲池、紫柏、蕅益并称“明清四大高僧”。憨山19岁出家，万历二十三年（1595年）开始在粤弘扬禅宗，天启三年（1623年）圆寂。法身如今供奉于韶关南华禅寺。

曾经的热闹：洪岩遗址

洪岩是丹霞山古老而神秘的文化遗迹之一。始凿于明末，至民国时废弃不用。岩内有井池数方，摩崖多处，尚未完工的塔墓一座。

洪岩之上是舵石，之下是锦湖。自洪岩坡绝壁处有险阻山路，经半寨，涉竹林，钻树丛，攀悬崖，然后可达。其间岩窦为山鹰的巢穴，每当雨过天晴，常见岩鹰自岩内盘旋而出，或翱翔于蓝天之下，或俯冲于锦江之上。

托体同山阿：丹霞山塔墓群

丹霞山塔墓群现存塔墓11座，以清初为主。

一是舍利塔。丹霞舍利塔，即螺顶浮图。

一是高僧墓。分别是天然禅师墓、澹归和尚墓塔、乐说禅师衣钵塔墓、角子龟禅师塔墓、泽萌禅师塔、重兴丹霞古奘和尚塔墓等等。

一是众僧墓，即普同塔。丹霞山有两座普同塔，一座位于锦石岩寺喷玉泉附近，建于南明永历年间，是广东现存唯一使用南明年号的古塔。另一座位于长老峰山脚、海螺墩半坡，建于清初，用于安置别传寺众僧骨殖。

普同塔（锦石岩）.

佛日山天然禅师塔墓

云生锦水更藏山：别传寺木刻书法

别传寺木刻书法幸存10余种，以对联为主，对研究丹霞山的历史有相当的参考价值。如明憨山德清的“去日不来人已老，良田易种食难消”，是对过去岁月的感叹，警人深省。

明遗民李充茂撰联、今释澹归所书的“云生锦水更藏山”是《遍行堂集》文字狱案之后幸存的澹归真迹，弥足珍贵；惜上联“风过竹林犹见寺”已不存。

又有“山有幽岩凭怪石，天留隙地寄闲人”，“日上丹霞笼翠巘，风来锦水带沧波”。

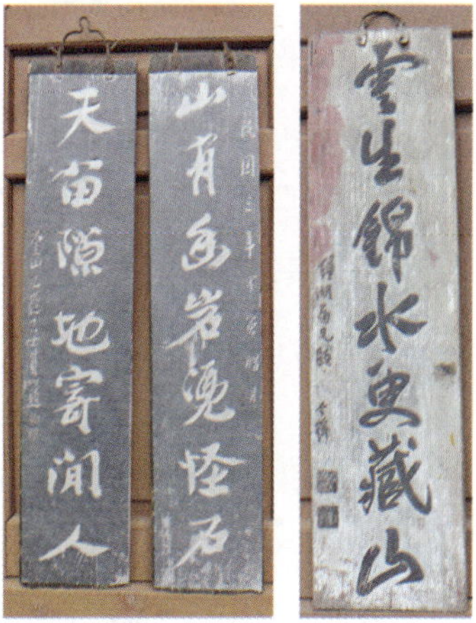

别传寺木刻

刻在石头上的文字

丹霞山雄险奇秀的美景，吸引了众多文人骚客赋诗题字。自北宋以来，留下了300多题璀璨夺目的摩崖石刻和锦江岩画，以及少量木刻书法。以韶石景区最古老，丹霞景区锦石岩、别传寺一带最集中，巴寨景区最雄险。

刻画越千年：锦江岩画

锦江岩画位于浈江区犁市镇黄竹村委矮寨村锦江两岸的塘下岩、白石岩（南蛇岩）附近，共两处。分别刻于北宋天圣二年（1024年）和南宋宝祐六年（1258年）。

塘下岩画居下游左岸，白石岩画居上游右岸。两岩画相距约400米。

左岸塘下岩画贴近锦江水面，洪汛期会被淹没。平水期高出水面2米多，共5幅。阴刻。整块石刻长约3米、高2.4米，内容包括人物、动物及“天下太平”等字样。锦江岩画上的高冠穿袖双手叉腰女人像在粤北地区属首次发现。

锦江岩画（局部）

右岸白石岩画高出锦江水面约10米，共23幅。岩画内容丰富，图形包括人、鹿、鸟、鱼、蛙、花草、船、建筑、日月、题词、抽象符号等，“鹿”的图案多达十几只。有一个图案为符号“天”字被一个半圆包围，下面一横与半圆形成一完全闭合图案，寓意“天圆地方”。较完整的有“莲生贵子图”“双鱼窜洞图”等图案，隐藏着“生殖崇拜”的文化含义。

这部分岩画的确切含义和时代有待进一步的考证。

韶石岩岩：韶石摩崖群

韶石景区一带开发历史悠久，形成了韶石摩崖群。传统的韶石，包括僧帽峰一黄沙坑一线以东以南的广大区域，具体包括金龟岩、涌泉岩、评公石寨、打锣寨、穿窿岩庙遗址、五马寨、太阳岩、金龙山等。

因为历经千年的风雨洗礼，韶石摩崖群许多石刻残损，文字不清晰。现存摩崖30多题，以白寨、金龙山、评公石寨的较为集中。其中以金龟岩北宋大中祥符六年（1013年）的《舍街记》最为久远，也是丹霞山保存最早的摩崖；北宋政和四年（1114年）的《金龟摩崖记》则记述了金龟岩庙修建过程。

金龟岩《舍街记》

锦岩深几许：锦岩摩崖碑刻群

锦岩摩崖碑刻群位于锦石岩，共有摩崖碑刻90多处。摩崖碑刻自梦觉关直至龙王岩，以龙王岩最为集中。年代自北宋熙宁四年（1071年）至中华民国。体裁有题字、题名、题记、题诗、碑文、游记等。其中以八处宋刻、八处元刻最具文物价值。

此处面积最大的摩崖为“锦岩”二字，字高1.8米、宽1.4米，刻于龙王岩北侧崖壁，为南宋“淳祐丙午”“赵汝耒书”，楷书浮刻。淳祐为宋理宗赵昀年号，丙午即1246年。

蒙天民的《锦石岩龙王灵感记》记述了南宋淳熙十年（1183年）重阳

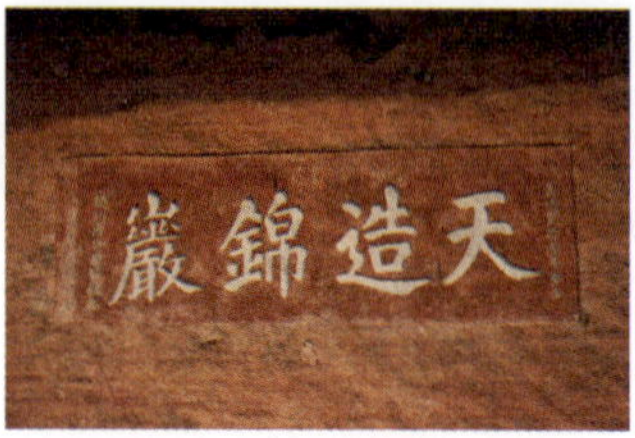

“天造锦岩”摩崖

前五日祈雨得雨的经过。

宋刻《募缘纪事》《释道聪砌阶道纪事》《善信舍钱纪事》，元刻《何大琳记事刻石》，明《游锦岩记》、“天造锦岩”、王弘海诗刻，清《建造马头碑记》等，保存了一部相对完整的锦石岩发展史。

丹霞之最：“丹霞”摩崖群

丹霞摩崖群是以“丹霞”摩崖为代表。刻于别传寺山门峭壁之上的“丹霞”摩崖高284厘米、宽551厘米，已有300多年历史，是游客最常留影的景点。

从长老峰入口徒步上山，约20分钟路程就可以见到“丹霞”“法海慈航”“到此生隐心”“禅林第一”等摩崖石刻。

此处字数最多的摩崖是明末李充茂1 344个字的《丹霞山记》，详细讲述了丹霞山的来由，不妨一读！

2013年3月5日，丹霞山摩崖石刻经国务院批准为全国重点文物保护单位。

丹霞摩崖群

面子最大：别有天

“别有天”摩崖

“别有天”，别有洞天的意思。“别有天”摩崖位于丹梯铁锁北侧崖壁，是丹霞山最大面积的摩崖，高3.56米、宽10.9米，占据崖壁面积38.8平方米。清康熙二十三年（1684年），当时别传寺的僧人把“别有天”摩崖刻在寺庙东北部篥竹岩上方的巨厚砂岩体上。

游客经过双沼碧荷、登攀丹梯铁锁前，均可以观赏得到。

丹霞山的亭台楼阁

丹霞山现有各类亭台楼阁30多处，是游人观赏丹霞山风光、躲风避雨的重要设施。

观日亭，1983年与长老峰老山门、御风亭、日月亭同时兴建。2004年观日亭观景平台扩建。观日亭是晨观日出、暮赏晚霞的最佳地点。

半山亭，始建于民国24年（1935年），原木结构。现亭为1984年重建，砖混结构。

观瀑亭，1983年兴建，是欣赏锦岩马尾瀑的最佳位置。

紫玉台，“玉台爽气”为清初丹霞十二景之一。原址已毁，今台位置于别传寺老山门内靠锦江一侧，是品茗听琴的好所在。

双沼亭，2011年兴建于清初丹霞十二景之一的“双沼碧荷”之上，亭边可见丹霞山面积最大的“别有天”摩崖。

御风亭兴建于1983年，位于通天峡与丹梯铁锁之间，下临锦江，上瞻赤壁。

乾元亭

双沼亭

虹桥观景廊兴建于2009年。虹桥是丹霞山主山山脊最狭窄的部位，因自阴元石、大禾田一带回望似桥梁得名。“虹桥拥翠”为清初丹霞十二景之一。

双喜台于2009年兴建，位于丹霞栈道中部，因栈道上方丹崖差异风化形似一个巨大的“囍”字得名。

片鳞岩赏月台位于宝珠峰东南侧。2015年因宝珠峰—海螺峰—长老峰山顶步道改造升级而兴建，是欣赏丹霞山月的最佳地点，被誉为广东最佳赏月地。“片鳞秋月”为清初丹霞十二景之一。

韶音台与韶音亭于2005年修建，位于索道上站东南侧，与观日亭遥遥相望。

舵石观景台，1984年于舵石基岩四周加设护栏而成，是观日出、赏云海的好去处。“舵石朝曦”为清初丹霞十二景之一。

毓秀亭立于翔龙湖龙腰崩积巨岩块之上，1997年与玉带桥同时兴建。

阴元石观景台，1998年因阴元石的发现而兴建的观景平台。

毓秀台位于阴元石观景台东侧50米处，1998年兴建，是观赏宝塔峰、天柱石等景观的理想平台。

蘑菇亭，于2000年兴建，位于翔龙湖—阴元石环线途中。

觅亭，于2002年修建。为缓解游客压力，修建了阴元石—觅亭—百步天梯游线，与长老峰山顶步道、索道、翔龙湖滨步道系统形成长老峰—阴元石大环线。

龙角亭，于2006年兴建，位于翔龙湖龙须涧口。

卧龙冈观景台，2009年因卧龙冈—宝塔峰游线建设而兴建。

群象出山观景台，2004年兴建，是观赏群象过锦江景观的最佳地点。

阳元石观景台，1994年兴建，是观赏阳元石的最佳位置，2008年加固拓宽铺装防腐木板。

拜阳台兴建于1994年，为方便游人礼拜阳元石而建。

乾元亭于2008年兴建，全木结构。与嘉遁亭相望，是与阳元石平视的最佳地点。

嘉遁亭位于阳元山顶。1995年与阳元石—云崖栈道—嘉遁亭—细美寨—九九天梯—玄机台—晒布崖—双乳石形成的环线步道同步建成。

玄机台，1995年兴建于细美寨西侧半山基岩之上，原木结构，后改为砖混结构。

日月亭，一名望江亭。1984年与观日亭同时建成。日月亭是领略丹霞山西部群峰“仙山琼阁”、日月同辉的最佳观景平台。

锦水亭，2002年兴建，与日月亭隔江相对，原木简易结构，已圮。2015年在原址附近山冈兴建了锦水台，适宜拍摄丹山锦水和仙山琼阁。

巴寨观景台位于巴寨极顶的东端，为2007年兴建的简易平台，是欣赏巴寨以东群山的制高点。暖坑前往巴寨途中有巴寨第一观景平台和第二观景平台。

无处不在的山寨

逢山有寨：丹霞山108寨

“逢山有寨，逢寨有门，逢门必险”是丹霞山的一大特点。丹霞山地区的古越族先民，很早以前就利用天然洞穴结岩而居。

丹霞山是岭南古山寨分布最密集的地区。据不完全统计，遍布丹霞全山的古山寨数量超过一百座，号称“丹霞山108寨”。著名的如巴寨、长老

大井穿岩四道门

寨、细美寨，等等。

山寨绝大多数建在难以攀登的山石上，建立山寨的起因和作用大体有如下几种：当地富豪和村民乱世的避难所，与平原丘陵地区的客家围楼类似；寺庙所在地；军事用途；书院。

山寨一般有以下特点：凭借天险，寨门有险可据，寨内有泉可汲，有岩堪居，有薪可樵。

茅坪白云岩寨门

对外开放的三大山寨：长老寨、细美寨、巴寨

长老寨、细美寨、巴寨是丹霞山目前对外开放的三座主要山峰，也是三座著名的古山寨。

长老寨，即丹霞山主山长老峰。长老峰—海螺峰—宝珠峰是相连的大块山体，古人于四面绝壁间凿丹梯一条，梯顶砌海山门（又名霞关）。清初修建了别传寺，僧俗日多，长老寨一时成为最热闹的山寨。2000年，海山门因扩建丹梯被拆。山上洞穴累累，林泉处处，风景优美，是游览、避难、修行的好地方。

巴寨寨门

细美寨，于明崇祯年间，为车头村民避乱修建，清咸丰年间、民国时期均有重修。细美寨有寨门三道，最后一道山门建于九九天梯的绝壁之上，十分引人注目。寨内堡垒森严，泉池屋基犹存。

巴寨，海拔619.2米，为丹霞山最高峰，山体雄伟壮丽，远眺如一只矗立的巨大无比的巴掌。明清之际，富户在山上修寨以避战乱。寨门筑于绝壁“天梯”之上，居高临下，万夫莫开。寨门之上，依岩而居，斫岩为台，凿井为池，条砌石室，屋舍俨然，壶峰溢翠，远近山石无不偃伏其下。

战乱的避难所：睡美人山寨群、乱石滩寨、新寨、平头寨和穿岩寨

睡美人是距离仁化县城最近的大体量山块，山上各类山寨达五六座之多，规模较大的如禄意堂、荷树岩寨，堪称仁化县城的避难所。

丹霞山有两座新寨。一座是天乙山新寨，一座紫薇寨位于车头村。天乙山新寨，为清末仁化县富户叶某所建，山寨规模宏大，依山就势，险者险之，坦者筑墙和门楼阻之。内中有房屋数十间，摩崖十余处，大小水池四个。紫薇寨，与丹霞山长老峰隔江而望，始建于清光绪年间，民国时期再加固。

平头寨，因山顶远望平整如平头得名。山寨分为两部分，山腰为天笔岩，山顶寨门有楷书“平头寨”字样。

穿岩寨，位于丹霞山西部穿窿岩。自大井村前往寨顶，共有四道寨门。第三、第四寨门之间有寺庙遗址及多处岩屋遗址。

无家可归乱石滩：乱石滩寨

乱石滩寨，位于浈江右岸，为一普通山寨。1941年9月6日，日寇轰炸韶关市区，发生了“关帝楼惨案”，成千上万的市民流离失所。因为临近浈江水路，背靠韶石腹地，当年有上千名来自韶关市区的居民来此寨躲难，长达一周。

乱石滩寨门

唐代农民起义军的据点：黄巢寨

黄巢寨，位于僧帽峰西侧山峰，俗名牛屎岩。山寨建在巨岩之中，洞口见成堆崩积巨岩块。岩口南向，岩长120多米，深15~25米，最高处60多米。

山寨建筑物格局保存基本完整。走近岩口，一座雄伟的炮楼赫然入目。炮楼建在一块离地面2.5米的方石之上，约有10平方米，炮楼内隔成

3个小间，为2层结构。楼上东墙、南墙均设炮眼、枪眼数个。要进入炮楼，首先得经过寨门。寨门用凿成的石块砌造，保存基本完好。十数间房子傍崖而建，每间约10平方米不等。传说这是晚唐农民起义军黄巢部队驻扎过的山寨，所以得名黄巢寨。

寨隔一条山沟与僧帽峰、大塘寨、蜡烛峰对峙，景色秀美。

黄巢寨（牛屎岩）全景

暂时的军营：屯军寨

屯军寨，西侧“丹霞迷宫”又名云客山寨，东侧同金寨俗名姐妹峰。

据清同治版《仁化县志》，《丹霞山全图》见“屯军寨”。此寨临近锦江，四面绝壁，寨内巷谷丛生，有井泉多处，可暂栖数百人。

云客山寨门楣上刻有“云客山”三个大字，为清康熙年间重修。寨门已经半圮。寨门外北侧崖壁有民国刻画的战马和文字。其中一处刻文为：“民国壬戌年六月七日夜，第二军在……。”另一刻文：“民国癸亥年四月望五日□开，益因大局未定，栖于此山，不奈其何。”

岭背村有山路通往云客山寨。

金龙山寨

山匪据点：金龙山寨

金龙山寨及周边的圣上岩一带是金龙山岩庙所在地，也是曾经的土匪窝点。金龙山海拔410米，是丹霞山的地理中心点。远近山险林密，乱世中常为山匪占据，山匪常到锦江铜鹤峡一带以打劫过往船只为生。

散居的村落

丹霞山村落分布图

依山而栖：客家

客家人广泛分布在粤东北、赣南和闽西，韶关是客家人的主要聚集地之一。多数自宋元以来，特别是明清时期自中原或闽赣等地迁来。丹霞山区及周边原居民大多为客家人，通行客家话。

丹霞山范围涉及浈江区和仁化县7镇（街道）18个村委的原居民主体为客家人。丹霞群山之间的客家村落和田园是丹霞山历史人文的重要组成部分。

逐水而居：疍家

疍家（锦江）

丹霞山区古代为百越地。浈江及其支流锦江，自古以来就是南北重要的水路通道，少量逐水而居、打鱼为生的疍家——水上人家很早就在这一带生活，至今仍生活在这里。

随着多级水坝的修建，疍家人均已经上岸定居。作为粤北土话之一的疍家话也日益受到冲击，许多年轻的疍家人已经不懂自己的母语。只有锦江两岸峭壁上留存的篙窝还在诉说着曾经的故事。

丹霞山的疍家以曹、温、袁、神、骆、顾、孔、邹、邓等姓氏为多。

丹霞山地理中心点所在：黄竹

黄竹是丹霞山核心村之一，是丹霞山面积最大的乡村之一。黄竹村委辖矮寨、高夫、黄思宁、均坪、芙芷坝、企冈、乌泥坑、老祖滩、石陂头、汶水、新桥、牛栏前、社前、双头厂、萝卜岭、赤岸等16个村。

黄竹

锦江、石龙溪从黄竹腹地蜿蜒流过，铜鹤峡、石龙溪峡谷、金龙山、田螺石、马头寨、伞石、凯旋门、小平头寨、峰山寨、仙人迹等著名景观都是黄竹的风景。锦江岩画也在该村境内。

盖砂岩命名地：黄沙

黄沙地处丹霞红层向古老的煤层过渡区。黄沙村委的大王冲、鹧鸪石两个自然村属丹霞山范围。

1870年，德国地理学家李希霍芬到黄沙村口考察粤北煤层时，将黄沙村口丹霞红层命名为“盖砂岩”。1927年，冯景兰到访丹霞山也是从黄沙村口经过的。

黄竹水主要支流干坑坝从村前缓缓流过。海拔438米的狮脑山是丹霞山西南部著名高峰。鹧鸪石泉是丹霞山范围内最大流量的天然泉眼，也是附近村落的饮用水源。

三水交汇地：湾头

湾头地处浈江右岸，黄竹水、黄浪水与浈江交汇处。湾头村委包括卢屋村（一、二、八、九队）、姜屋村（三队）、李石屋村（四、五、六、十队）、河边村（七、十一队）等村落。

发源于丹霞山西部的浈江一级支流石龙溪—黄竹水，几经曲折，在湾头村口汇入浈江。湾头村后的烽火山、烽火岭是丹霞山最靠近韶关市区的山头。

周围都是田：周田

周田，周围都是田。村落的命名寄托了古人美好的愿景。

周田，又名平圃，是丹霞山有史可查的最古老的客家村落之一，是浈江下游田畴最多的河谷小平原。

周田与始兴的清化、韶关市区（曲江），分别有唐代名相、岭南诗祖张九龄的三处故居。古村背后平圃山冈，有张九龄祖父张子胄墓距古村千余米。从山冈眺望韶石一带风景绝佳。

周田古村有保存基本完好的大面积的明清至民国时期的古建筑群。“风度流芳”的老周田是游客寻幽访古、探寻乡愁的好去处。

周田的主要景观包括双阙石、簸箕寨、灵树寺等。村口灵溪水与浈江交汇处的鲶鱼转是典型的长坝组丹霞地貌，鲶鱼转商周遗址所在地。

景观农田承载的乡愁：夏富

夏富，是丹霞山核心村之一，是锦江下游、丹霞山腹地最为开阔、富庶的河谷小平原。夏富村委由夏富（一、二、三、四、五村小组）、上迳、下迳、牛鼻、瑶山、叶屋、暖坑、长沙背等13个自然村组成。

夏富古村自南宋开基，至今已有700多年历史，夏富曾经是仁化往返韶关水道上一个重要的商旅集散地。锦江蜿蜒其间，两岸竹树婆娑、飞鸟点点。古村李氏宗祠、古井、古街巷、古榕等保存完好。

夏富主要的景观包括观音石、饭甑石、上天龙、拇指石等。每当盛夏或金秋，在山头上回望，夏富平原田畴交错，稻浪翻滚，美不胜收。搭乘丹霞山竹筏漂流是感受夏富风光的好选择。

姐妹峰下有人家：车湾

车湾与夏富相邻，丹霞山核心村之一。车湾村委辖车湾、车头、石下、岭头、岭背、红历坵、春光、月岭、淡庄、亚婆岩、联湖等11个自然村。

车湾位于锦江及其支流董塘水交汇处，水流洄曲，为锦江下游最为开

夏富田园（刘加青 摄）

车头吴氏乾隆匾

阔平缓处。

主要景观包括姐妹峰、睡美人、细美寨（阳元山）、通泰桥、紫薇寨等。

酣睡的石母：黄屋

黄屋与车湾相邻，是丹霞山核心村之一。村委辖瑶塘、断石、黄屋、黄屋坝、新安坝、卜古岭、谢屋、老马屋、新马屋、青湖塘、双合水等11个村组。

黄屋是丹霞山北大门所在地，是进入丹霞长老峰、阳元石游览的门户。

主要景观包括阳元石、阴元石、群象出山、睡美人、狮头岩、文疃寨、锦江等。黄屋的农家乐已具一定规模。其中瑶塘、断石与青湖塘村鼎足三立，为旅客提供食宿、购物、娱乐等旅游服务。

巴寨脚下有人家：白莲

白莲是丹霞山核心村之一。村委辖白坭坌、横岭、茅坪（一、二、三队）、彭屋、邱屋、陈屋、上洞（张屋、姚屋）等10个村。

王山坑、茅坪水、上洞水、飞花水与巴寨、茶壶峰、西竺岩、观音山等共同组成了丹霞山雄浑大气而又深邃神秘的西部风光。

平头寨与仙人反脚：河富与岩头

河富和岩头两个村落地处丹霞山西部边缘，雄浑的丹山与幽深的溪谷组成一幅壮丽的丹霞地貌奇观。

白泥坌村（白莲）

大井穿岩（河富）

两个村的主要景观有燕岩、扁寨、平头寨、仙人反脚、川岩、五仙岩、打石坑水库等。王山坑壶穴群数量之多、形态之富，蔚为奇观。

尾矿都是宝：坪岗

坪岗村委由17个村组组成。村委管辖地区的暖坑水库为凡口铅锌矿的尾矿库所在地。沉淀了数十年的尾矿库是镓、锗等稀有重金属的宝库。

主要景观有两头寨、扁寨等。

水江风光

两江汇合处：水江

水江是丹霞山核心村之一。水江村委辖罗江村、仁化江村等9个村组，地处浈江与锦江交汇处。

主要景观包括白寨、象鼻岩、蘑菇石、黄公陂水库、锦江篙窝等。

沙田柚的最佳产区：长坝

长坝村委辖东山、茨菇塘、新庄甫、金光冲、廖子坑、众坝、河口、狗狮滩、长坝、张滩等10个村组。长坝地处浈江下游两岸，地形以丘陵为主。因盛产中国国家地理标志产品长坝沙田柚而闻名。

长坝村的主要景观包括南蛇头、九年坑瀑布、太阳岩庙等。

五羊的地名记忆：古洋

古洋，又名古羊，是规划中的丹霞山南大门所在地。因位于五羊石（俗名五马归槽）跟前得名。古洋辖河背、湖洋、鹿子坑、横江、湾背、柑子粉、迳子、松山下、侯江下、袁老、新屋、坝子、东粉、高脚板、新村、大路甫、水口、下村、河甫头、下墩坪等20个村组。

古洋水从村前缓缓地流淌汇入浈江。五羊石是古洋村最著名的景观。

古洋风光

世外有桃源：大桥

大桥村委管辖的乱石滩村侯屋、曹屋是韶石景区的重要组成部分，也是丹霞山目前三个不通汽车的自然村落之一。大桥与乱石滩隔江而居，背靠韶石，山石田畴组合完美，具有发展生态旅游的优秀本底。

乱石滩村风光（大桥村委）

桑田瓜下：较坑与龙坑

较坑位于韶石山前、浈江右岸的一片开阔地。村委辖矮子杨、大坝子、黄土寨、刘屋、瓦片地、安昌、新屋、赖屋等自然村。较坑西瓜远近闻名，蚕桑和蔗糖也有一定的种植面积。主要景点有朝石顶、猫卵石、猴哥寨、马鞍寨、旗杆石等。是通往韶石景区腹地金龟岩的必经之地。

龙坑村的村落包括猪头皮、大罗、细罗、冷水坑、新村、移民村等6个村组。主要景观有灵树寺千年枫香、棺材寨、韭菜寨等。

藏龙卧虎之地：高塘

高塘是丹霞山东北部重要的村落，与丹霞山相关村组主要包括冯屋、龟头石村。

龟头石村因村子正对的僧帽峰（龟头）与大塘寨（龟背）组合成形似一只仰首北向的金龟而得名。

高塘龙王坪风光

僧帽峰、果合寨、光浪颈、龙王坪一带的丹霞地貌，从高塘村委附近欣赏，组成一幅错落有致、雄浑大气的丹霞画卷。

丹霞山特产

丹霞山物产丰富，土特产众多，其中兰花、红豆、还魂草被称为“丹霞山三宝”。

最高洁：兰花

“兰叶春葳蕤，桂华秋皎洁。欣欣此生意，自尔为佳节。谁知林栖者，闻风坐相悦。草木有本心，何求美人折。”唐代名相、韶关籍诗人张九龄《感遇》一诗作为《唐诗三百首》的开篇之作，对兰花的高洁品质作了高度评价。

丹霞山的兰花有50多种，包括无叶兰、石斛兰、石仙桃、春兰、秋兰等。以春兰、秋兰最常见和宜种养，石斛兰最名贵，无叶兰最神奇，小沼兰最微不足道。

石豆兰

沼兰 | 建兰（秋兰）

最相思：红豆

“红豆生南国，春来发几枝。愿君多采撷，此物最相思。”唐代诗人王维《相思》的红豆，就是丹霞山一带及周边地区的南国红豆。

红豆与我们常见的大豆、花生一样，属于蝶形花科。

红豆为豆科乔木，红豆润滑艳红，不蛀不腐，色泽永恒。红豆经心灵手巧的丹霞人民加工成各种饰品、工艺品，是不错的手信。

丹霞红豆

软荚红豆

最耐旱：还魂草

还魂草，学名卷柏。世界上最耐旱的植物，可休眠三年不死，一旦遇水即复活。广泛分布于丹霞山各裸露岩壁上。土层略厚处长势良好，体形舒展，颇耐观赏。

还魂草

好山好水出好柚：沙田柚

丹霞山长坝沙田柚是中国国家地理标志产品①，是岭南最耐保存的水果之一。

沙田柚的原产地是广西容县沙田，但丹霞山特有的红土地和温润的气候让沙田柚的品质得到了很好的提升，色香味俱佳。3月开花，11月中旬采摘，个头1.2千克左右。上等的柚子外观通体金黄，柚肉晶莹剔透、蜜甜不腻。

沙田柚

最佳产地：丹霞山长坝村、夏富村、车湾村、龙皇坪。与沙田柚同样受欢迎的特产水果还有黄坑贡柑。

---

①国家地理标志保护产品，是指产自特定地域，所具有的质量、声誉或其他特性本质上取决于该产地的自然因素和人文因素，经审核批准以地理名称进行命名的产品。

神奇的“风流果”：皱叶烟斗柯

皱叶烟斗柯

皱叶烟斗柯，俗称石砾柯，属壳斗科。因长得像男性生殖器，被称为“风流果”。

皱叶烟斗柯遍布全山，尤以巴寨景区为多。上洞、白泥坌等村有少量栽培。

长在树上的耳朵：木耳

野生木耳

野生木耳生长于栎、杨、榕、槐、樟等120多种阔叶树的枝干上，丛生，常屋瓦状叠生。也可以用阔叶树类的椴木和木屑人工栽培。生长需阳光、湿润和温暖。

木耳是丹霞山及韶关地区的著名特产。

一岁一枯荣：灵芝

灵芝

灵芝为山间偶见菌，尤以赤芝为上品。《神农本草经》：“赤芝，味苦平。主胸中结，益心气，补中，增慧智，不忘。久食，轻身不老，延年神仙。一名丹芝。”

枫香枯树树根、树头、树干上多有生长。丹霞山生长的灵芝个头不大，但均为上品。

味鲜美：笋干

丹霞山以毛竹笋为多，甜竹笋次之。毛竹笋分冬笋和春笋，甜竹笋长年出产。年出产毛竹数百万根。

冬天采摘：冬菇

冬菇是指冬天采摘的香菇，水分较少而且菌盖厚实，是丹霞山和粤北地区传统的山珍特产。冬菇以壳斗科植物和枫香等实木生长的为佳，天然生长的花菇堪称菇中极品。砍伐后植入香菇菌种的成年大树在野外自然的条件下，一般可以生长香菇五六年，而以第二、三个年头树干营养最足、产量最高、质量最好。

丰富多彩的活动

双脚走出健康来：徒步穿越丹霞山

徒步穿越丹霞山活动是2008年为助力丹霞山申报世界自然遗产而创办的一项群众体育户外运动品牌活动。活动从最初的800人，发展到每届5 000~7 000人参加。参与者来自全国各地。

自第二届开始，徒步穿越丹霞山活动定于每年11月的最后一个星期六举办。徒步路线里程46.33千米，沿途经过白虎坳、黄沙、茅坪、暖坑、牛鼻、夏富、车湾、断石等地，可观赏到皇冈山、鸡公山、鸡麻山、石龙溪、茶壶峰、巴寨、锦江、观音石、仙山琼阁、细美寨、阳元石、长老峰等著名景点。其中古溪—茅坪—上洞—牛鼻—庙仔坑—车湾段全长26千

首届徒步穿越丹霞山活动

徒步穿越终点（丹霞山大山门）

米，是进行迷你徒步运动的理想路线。

截至2015年，徒步穿越活动已经成功举办8届，共4万多人次徒步爱好者参与，超过3万人次成功穿越。

文人的盛会：丹霞山全球华文散文大赛

2010年和2014年，丹霞山分别举办了第一届、第二届“丹霞山杯——我心中的中华名山”全球华文散文比赛，来自海内外的数百名华人知名作家参赛。知名作家陈奕纯的《着了火的霞光，着了火的山》、中国台湾著名作家张晓风的《头寄颈项了无恨，梦萦江山真有情》、知名作家乔叶的《红豆生南国》分别获一等奖。

诗歌的国度：汉诗抡元[1]大赛

“丹岳峥嵘，粤国天开雄胜。锦江逶迤，韶州地毓秀灵。”为了弘扬诗歌传统，2013年中国丹霞山汉诗抡元大赛在丹霞山隆重举行。

汉诗抡元大赛（曾明 摄）

参赛诗人身着中国古典汉服，以“香焚缕断，钱落盘鸣”为作赛时限，诗人何智勇以一首《舟行丹霞山锦江感题》摘得抡元奖。

润物细无声：中国丹霞进校园

为了向广大师生普及丹霞地貌科学知识，丹霞山开展了“中国丹霞进校园”系列科普活动。自2009年开始，活动已经分别走进中山大学、中国

①抡元，就是争夺第一名的意思。

地质大学（武汉）、四川大学、北京大学、南京大学、南开大学等20多所高等院校，受到各大院校和广大师生的欢迎。

“随风潜入夜，润物细无声。”“中国丹霞进校园”系列科普活动已经成为丹霞山自创科普品牌之一。

春种一粒粟：丹霞山科普志愿者

如果说“中国丹霞进校园”是“走出去”普及丹霞地貌知识的话，那么丹霞山科普志愿者则是“请进来”的一项活动。

2014年以来，丹霞山从韶关市民中招聘了首批科普志愿者，随后与武汉地质公园之家脚爬客社区合作，在全国范围海选志愿者，每年2批次，每批次20~30人不等。志愿者年龄、性别不限，目前以高校学生为主。每批志愿者在丹霞山接受4~6天的夏训（暑期训练）或冬训（寒假培训），全面系统地接受丹霞山科学知识实地培训。

“春种一粒粟，秋收万颗子。”科普志愿者已经成为丹霞山科普队伍的中坚力量之一。

手足情深：中国丹霞六兄弟

贵州赤水、福建泰宁、湖南崀山、广东丹霞山、江西龙虎山、浙江江郎山等6个丹霞地貌风景区散处在长江以南的6个省份，共同组成了“中国丹霞”。

按地貌发育阶段，从青年期丹霞—壮年期丹霞—老年期丹霞，依次是贵州赤水丹霞（青年早期）、福建泰宁丹霞（青年晚期）、湖南崀山丹霞（壮年早期）、广东丹霞山（壮年晚期）、江西龙虎山—龟峰丹霞（老年期）、浙江江郎山丹霞（老年晚期）。

6个丹霞地貌风景区共同演绎了一个完整的丹霞地貌生长发育的美丽童话。

2010年8月2日，联合国教科文组织世界遗产委员会在巴西巴西利亚召开第34届世界遗产会议，批准中国丹霞列入《世界遗产名录》。

世界的丹霞，丹霞的世界。来一次中国丹霞世界自然遗产之旅吧！

赤水丹霞（青年早期）	泰宁丹霞（青年晚期）
龙虎山丹霞（老年期）	江郎山丹霞（老年晚期）

崀山丹霞（壮年早期）

丹霞山茶壶峰（壮年晚期）

参考文献

[1] 冯景兰，朱翙声．广东曲江仁化始兴南雄地质矿产[J]．两广地质调查所年报，1928（1）．

[2] 陈国达，刘辉泗．江西贡水流域地质[M]．陈国达全集：第1卷．长沙：中南大学出版社，2008．

[3] 吴尚时，曾昭璇．粤北红色岩系之地质与地形[J]．地学集刊，1948（6）：13-45．

[4] 黄进．丹霞地貌坡面发育的一种基本方式[J]．热带地理，1982（2）．

[5] 黄进．丹霞山地貌[M]．北京：科学出版社，2010．

[6] 彭华．中国红石公园丹霞山[M]．北京：地质出版社，2004．

[7] 彭少麟，等．广东丹霞山动植物资源综合科学考察[M]．北京：科学出版社，2011．

[8] 吕金波，侯荣丰，等．拓展丹霞地貌的研究范围[J]．城市地质，2015（3）．

[9] 仇江．丹霞山锦石岩寺志[M]．杭州：西泠印社出版社，2011．

[10] 仇江．丹霞山古摩崖碑刻集[M]．杭州：西泠印社出版社，2013．

[11] 侯荣丰．丹霞山[M]．广州：广东人民出版社，2013．

[12] 广东省韶关市地方志办公室．万古丹霞冠岭南[M]．广州：广东人民出版社，1989．

[13] 龙思谋．丹霞山诗文词[M]．广州：广东高等教育出版社，1997．

[14] 朱德瑞．韶石山：大丹霞世界地质公园[M]．长春：时代文艺出版社，2004．

[15] 仁化县政府．丹霞游览手册[Z]，1944．

[16] 广东省地图出版社，韶关市国土资源局．韶关市地图册[M]．广州：广东省地图出版社，2009．

[17] 陈世英，释古如．丹霞山志[M]．刻本．上海图书馆藏，1733（清雍正十一年）．

[18] 屈大均．广东新语[M]．北京：中华书局，1985．

[19] 廖燕．廖燕全集[M]．上海：上海古籍出版社，2005．

[20] 余靖，黄志辉．武溪集校笺[M]．天津：天津古籍出版社，2000．

[21] 张九龄，熊飞．张九龄集校注[M]．北京：中华书局，2008．

[22] 方世举．韩昌黎诗集编年笺注[M]．北京：中华书局，2012．